Códigos De Sombra

El espía Maestro De La era Digital

Derechos de autor © 2024 por RK Books

Todos los derechos reservados.

Queda prohibida la reproducción, distribución o transmisión de cualquier parte de esta publicación, por cualquier medio o método, incluyendo fotocopia, grabación u otros métodos electrónicos o mecánicos, sin el permiso previo por escrito del editor, excepto en el caso de citas breves incorporadas en reseñas críticas y ciertos otros usos no comerciales permitidos por la ley de derechos de autor.

Este libro es una obra de ficción. Los nombres, personajes, lugares e incidentes son producto de la imaginación del autor o se utilizan ficticiamente. Cualquier parecido con eventos, lugares o personas reales, vivas o fallecidas, es pura coincidencia.

ISBN: 978-969-459-263-3   Libro electrónico

ISBN: 978-969-459-264-0   Libro de bolsillo

ISBN: 978-969-459-265-7   Tapa dura

Publicado por:

Tabla de contenidos

Introducción 1

Capítulo 1 Comprendiendo el Espionaje Cibernético............................ 4

   ¿Qué es el espionaje cibernético?... 5

   Por qué el Espionaje Cibernético Importa... 8

   Cómo te afecta el espionaje cibernético 12

Capítulo 2 Cómo Comenzó el Espionaje Cibernético 17

   Orígenes de la Guerra Fría... 18

   Transición a la Era Digital 21

   Pioneros del Espionaje Cibernético 25

Capítulo 3 Convertirse en un Maestro del Espionaje en el Mundo Digital 29

   Habilidades Necesarias para el Espionaje Cibernético.......................... 30

   Entrenamiento y reclutamiento 33

   The Rise of Digital Masterminds.. 37

Capítulo 4 Herramientas que Utilizan los Ciberespías 42

   Malware y Virus... 43

   Técnicas de hacking 49

   Tecnología de Vigilancia 53

Capítulo 5 Tipos de Espías Cibernéticos 58

   Espías Patrocinados por el Estado 58

   Hacktivistas 64

   Ciberdelincuentes.. 69

Capítulo 6 Trucos que utilizan los espías cibernéticos para engañar a las personas 76

   Ataques de Phishing 76

Ingeniería Social 82
　　Suplantación de identidad y personificación 88
Capítulo 7 A Quiénes Apuntan los Ciberespías 95
　　Agencias gubernamentales 95
　　Corporaciones 102
　　Individuos y Privacidad 108
Capítulo 8 ¿Cómo recopilan información los espías cibernéticos? 116
　　Métodos de Recolección de Datos 117
　　Vigilancia Cibernética 122
　　Explotación de Vulnerabilidades 128
Capítulo 9 Competencia de Naciones en Espionaje Cibernético 135
　　Potencias Cibernéticas Globales 136
　　Carrera Armamentista Cibernética 142
　　El impacto en las relaciones internacionales. 149
Capítulo 10 Explorando la Dark Web 154
　　¿Qué es la Dark Web? 155
　　Espionaje Cibernético en la Dark Web 160

Introducción

En las sombras del mundo digital yace un reino invisible pero profundamente impactante: el dominio del espionaje cibernético. Bienvenidos a "Códigos de Sombra: El Espía Maestro de la Era Digital". En esta exploración, nos adentramos en las operaciones clandestinas, técnicas intrincadas e implicaciones profundas del espionaje cibernético en la era moderna.

La era digital ha dado a luz a una nueva generación de espías: individuos y organizaciones adeptos a navegar las complejidades del ciberespacio para infiltrarse, recopilar inteligencia y perturbar operaciones de adversarios. Han quedado atrás los días de gabardinas y micrófonos ocultos; los espías de hoy manejan teclados y líneas de código para cumplir sus objetivos. Son los maestros de lo invisible, los arquitectos del intriga virtual y las figuras sombrías tras el telón de unos y ceros.

El título "Códigos de Sombra" captura la esencia de este mundo clandestino, donde la información es moneda y el cifrado es el lenguaje del secreto. Detrás de cada transacción digital, comunicación e interacción, acecha el potencial para la vigilancia, manipulación y explotación. Estos códigos de sombra, ocultos dentro de la vasta expansión de internet, poseen las llaves para desbloquear secretos, influir en decisiones y dar forma a destinos.

Pero ¿quiénes son estos espías maestros de la era digital? Vienen en diversas formas: desde hackers patrocinados por estados que apuntan a la infraestructura de naciones rivales hasta sindicatos cibernéticos buscando ganancias financieras, y desde grupos hacktivistas que abogan por cambios políticos hasta lobos solitarios impulsados por vendettas personales. Sus motivaciones son tan diversas como sus métodos, pero comparten un objetivo común: ejercer el poder de la información para lograr sus objetivos.

Al embarcarnos en este viaje al mundo del espionaje cibernético, debemos enfrentar la realidad de que el paisaje digital no es solo un patio de recreo para la innovación y la conectividad, sino también un campo de batalla para el espionaje y la guerra. La interconexión de nuestra sociedad moderna ha creado oportunidades sin precedentes para la vigilancia y la explotación, desafiando nociones tradicionales de seguridad y privacidad.

En "Códigos de Sombra", desentrañaremos las capas de este mundo clandestino, explorando las herramientas, tácticas y objetivos de los espías cibernéticos. Revelaremos el funcionamiento interno de malware, esquemas de phishing y tácticas de ingeniería social utilizadas para vulnerar defensas e infiltrar redes. Arrojaremos luz sobre la dark web, el mercado subterráneo donde florecen actividades ilícitas y reina el anonimato.

Pero más allá de los aspectos técnicos, también examinaremos las implicaciones éticas del espionaje cibernético. En una era donde los datos personales son moneda y la vigilancia es ubicua, ¿dónde trazamos la línea entre seguridad y privacidad? ¿Cómo responsabilizamos a aquellos que explotan vulnerabilidades con fines nefastos? Estas son preguntas que requieren nuestra atención mientras navegamos las aguas turbias de la era digital.

En última instancia, "Códigos de Sombra" no es solo un libro sobre espionaje cibernético; es un reflejo de la compleja interacción entre tecnología, poder y ética en el mundo moderno. Es un llamado a la acción para la vigilancia, transparencia y responsabilidad en una era definida por sombras y secretos. Únete a nosotros mientras arrojamos luz sobre los maestros espías de la era digital y descubrimos los secretos ocultos dentro de los códigos de sombra.

Capítulo 1
Comprendiendo el Espionaje Cibernético

Bienvenidos al mundo del espionaje cibernético, donde el campo de batalla no está marcado por fronteras físicas sino por fronteras digitales. En este capítulo, nos embarcamos en un viaje para entender los conceptos fundamentales del espionaje cibernético, el arte clandestino de recopilar inteligencia, perturbar operaciones y ejercer influencia en el ámbito digital.

El espionaje cibernético, también conocido como ciberespionaje, abarca una amplia gama de actividades realizadas por individuos, organizaciones y gobiernos para obtener acceso no autorizado a información sensible, manipular datos o sabotear sistemas con ventaja estratégica. A diferencia del espionaje tradicional, que a menudo implicaba infiltración física y operaciones encubiertas, el espionaje cibernético aprovecha la tecnología y las redes para lograr sus objetivos, lo que lo hace tanto elusivo como omnipresente en la era digital.

En su núcleo, el espionaje cibernético gira en torno a la explotación de vulnerabilidades en sistemas informáticos, redes y software para robar, manipular o perturbar datos. Desde actores estatales sofisticados que apuntan a la infraestructura de gobiernos rivales hasta hackers solitarios que buscan ganancias financieras, las motivaciones detrás del espionaje cibernético son tan diversas como los propios actores. Comprender la dinámica del espionaje cibernético es esencial para navegar por las complejidades del paisaje digital y protegerse contra posibles amenazas. Únete a nosotros mientras profundizamos en el mundo del espionaje cibernético y descubrimos las tácticas, técnicas e implicaciones de esta actividad sombría.

¿Qué es el espionaje cibernético?

El espionaje cibernético, también conocido como ciberespionaje, es una práctica clandestina en la que individuos, organizaciones o gobiernos buscan recopilar de manera encubierta inteligencia, manipular datos o perturbar operaciones de adversarios utilizando medios digitales. En el mundo interconectado del ciberespacio, donde la información fluye libremente y los sistemas digitales impregnan todos los aspectos de la vida moderna, el espionaje cibernético ha surgido como una poderosa herramienta para la vigilancia, el espionaje y la coerción. Comprender la naturaleza, los métodos y las implicaciones del espionaje cibernético es esencial para navegar por las complejidades del paisaje digital y protegerse contra posibles amenazas.

En su núcleo, el espionaje cibernético implica el acceso no autorizado y la explotación de sistemas informáticos, redes y software para obtener información valiosa o ventaja. A diferencia del espionaje tradicional, que a menudo dependía de la infiltración física y las operaciones encubiertas, el espionaje cibernético aprovecha la tecnología y el internet para lograr sus objetivos, lo que lo hace tanto elusivo como omnipresente en la era digital. Si bien las motivaciones detrás del espionaje cibernético varían ampliamente, a menudo incluyen intereses de seguridad nacional, espionaje económico, influencia política o ganancia personal.

Una de las características definitorias del espionaje cibernético es su naturaleza encubierta. A diferencia de las formas tradicionales de espionaje, los ciberespías operan en las sombras del reino digital, utilizando técnicas y tecnologías sofisticadas para ocultar sus actividades y evadir la detección. Este enfoque clandestino permite a los ciberespías recopilar inteligencia, manipular datos o sabotear sistemas sin alertar a sus objetivos ni dejar evidencia física.

Los ciberespías emplean una amplia gama de tácticas y técnicas para alcanzar sus objetivos. Un método común es el uso de malware, software malicioso diseñado para infiltrar y comprometer sistemas informáticos o redes. El malware puede adoptar diversas formas, incluyendo virus, gusanos, troyanos y ransomware, cada uno con sus propias capacidades y propósitos. Una vez instalado en un sistema objetivo, el malware puede extraer datos sensibles, monitorear la actividad del usuario o incluso interrumpir operaciones críticas.

El phishing es otra táctica prevalente utilizada por los ciberespías para engañar y manipular a sus objetivos. El phishing implica el envío de correos electrónicos o mensajes fraudulentos que aparentan ser de una fuente legítima, como una organización o individuo de confianza. Estos mensajes a menudo contienen enlaces o archivos adjuntos maliciosos diseñados para engañar a los destinatarios y hacerles revelar información sensible, como contraseñas, datos financieros o detalles personales. Al explotar la psicología humana y la confianza, los ataques de phishing pueden ser altamente efectivos para obtener acceso no autorizado a sistemas o comprometer cuentas de usuario.

La ingeniería social es otra técnica comúnmente empleada por los ciberespías para manipular a individuos u organizaciones y hacer que divulguen información confidencial o realicen acciones que beneficien al atacante. Las tácticas de ingeniería social pueden incluir el pretexting, donde el atacante se hace pasar por una persona de confianza o figura de autoridad para obtener acceso a información sensible, o el baiting, donde el atacante atrae a las víctimas a descargar malware o revelar contraseñas ofreciendo recompensas o incentivos tentadores.

Además de estas tácticas, los ciberespías también pueden aprovechar vulnerabilidades en software, redes o infraestructura para obtener acceso no autorizado a sistemas o comprometer la seguridad. La explotación de vulnerabilidades implica identificar y aprovechar debilidades o fallos en el código de software, las configuraciones de red o la arquitectura del sistema para obtener acceso privilegiado o ejecutar código malicioso. Las vulnerabilidades de día cero, en particular, representan una amenaza significativa ya que son desconocidas para el proveedor de software y permanecen sin parchear, dejando los sistemas vulnerables a la explotación por parte de los ciberatacantes.

Las implicaciones del espionaje cibernético son de gran alcance y multifacéticas. A nivel geopolítico, el ciberespionaje puede perturbar las relaciones diplomáticas, socavar la seguridad nacional y aumentar las tensiones entre naciones. Los ciberataques patrocinados por estados, como aquellos dirigidos a agencias gubernamentales, infraestructura militar o infraestructura crítica, pueden tener consecuencias devastadoras, incluida la pérdida de vidas, daños económicos e inestabilidad política.

Económicamente, el espionaje cibernético representa una amenaza significativa para empresas, industrias y economías en todo el mundo. El robo de propiedad intelectual, el espionaje industrial y el espionaje económico pueden resultar en miles de millones de dólares en pérdidas para las empresas y socavar la innovación, la competitividad y el crecimiento económico. Además, el espionaje cibernético dirigido a instituciones financieras, minoristas en línea o intercambios de criptomonedas puede comprometer la confianza del consumidor, perturbar los mercados y erosionar la confianza en el comercio digital.

Individualmente, el espionaje cibernético puede tener profundas implicaciones para la privacidad, la seguridad y la seguridad personal. Las violaciones de datos, el robo de identidad y el acoso cibernético son solo algunos ejemplos de los riesgos que el espionaje cibernético representa para individuos y comunidades. Además, la proliferación de tecnologías de vigilancia, prácticas de recopilación de datos y mecanismos de seguimiento en línea suscita preocupaciones sobre la erosión de los derechos de privacidad y libertades civiles en la era digital.

El espionaje cibernético representa una amenaza persistente y en evolución en la era digital. Con el aumento de la interconexión de nuestra sociedad y la dependencia de la tecnología, los riesgos planteados por el espionaje cibernético son mayores que nunca. Al comprender la naturaleza, los métodos y las implicaciones del espionaje cibernético, individuos, organizaciones y gobiernos pueden protegerse mejor contra esta amenaza sombría y salvaguardar la integridad, seguridad y resiliencia del ciberespacio para las generaciones futuras.

Por qué el Espionaje Cibernético Importa

El espionaje cibernético tiene una importancia profunda en el mundo moderno debido a sus amplias implicaciones para la seguridad nacional, la estabilidad económica, la privacidad individual y la geopolítica global. A medida que la tecnología sigue avanzando y las sociedades se vuelven cada vez más interconectadas, los riesgos planteados por el espionaje cibernético se han vuelto más significativos que nunca antes. Comprender por qué el espionaje cibernético importa requiere un examen exhaustivo de su impacto en diversos ámbitos.

1. **Seguridad Nacional:** Quizás el aspecto más crítico de por qué el espionaje cibernético es importante es su profundo impacto en la seguridad nacional. Los estados nación se involucran en el espionaje cibernético para recopilar inteligencia, monitorear adversarios y obtener ventajas estratégicas en conflictos. Los ciberataques patrocinados por estados dirigidos a agencias

gubernamentales, infraestructura militar o infraestructura nacional crítica representan una amenaza significativa para la soberanía, estabilidad y capacidades de defensa de una nación. Por ejemplo, los espías cibernéticos pueden buscar robar información clasificada, sabotear sistemas críticos o interrumpir servicios esenciales, lo que puede llevar a la pérdida potencial de vidas, daños económicos e inestabilidad política. La capacidad para defenderse contra el espionaje cibernético es primordial para garantizar la seguridad y la resiliencia de las naciones en un mundo cada vez más digitalizado.

2. **Espionaje Económico:** El espionaje cibernético también es significativo en el contexto de la estabilidad y prosperidad económica. Los estados nación y las entidades corporativas se involucran en el espionaje económico para robar propiedad intelectual, secretos comerciales e información patentada para obtener ventajas competitivas. Al infiltrar las redes de empresas rivales o apuntar a instituciones de investigación, los espías cibernéticos pueden obtener acceso a tecnología, investigación e innovación valiosas, socavando la competitividad económica y el ecosistema de innovación de las naciones objetivo. El espionaje económico puede resultar en miles de millones de dólares en pérdidas para las empresas, obstaculizar el progreso tecnológico y erosionar la confianza en asociaciones comerciales y relaciones comerciales. Protegerse contra el espionaje económico es crucial para fomentar la innovación, promover el crecimiento económico y salvaguardar los derechos de propiedad intelectual.

3. **Influencia Política:** El espionaje cibernético desempeña un papel fundamental en la conformación de los paisajes políticos, influenciando elecciones y manipulando la opinión pública. Las operaciones cibernéticas patrocinadas por estados, como campañas de desinformación, esfuerzos de propaganda e interferencia en elecciones, buscan socavar procesos

democráticos, sembrar discordia y amplificar divisiones políticas dentro de naciones objetivo. Al difundir información falsa, amplificar puntos de vista extremistas o explotar plataformas de redes sociales, los espías cibernéticos pueden manipular percepciones públicas, influir en los sentimientos de los votantes y socavar la confianza en las instituciones democráticas. Las campañas de influencia política realizadas a través del espionaje cibernético representan una amenaza significativa para la integridad de los sistemas democráticos, la cohesión social y la unidad nacional. Protegerse contra operaciones de influencia política requiere mejorar la transparencia, promover la alfabetización mediática y fortalecer las defensas de ciberseguridad para protegerse contra la manipulación y la desinformación.

4. **Protección de Infraestructura Crítica:** El espionaje cibernético también es importante en lo que respecta a la protección de infraestructura crítica, como redes eléctricas, sistemas de transporte y sistemas de atención médica. Los ciberataques patrocinados por estados dirigidos a infraestructuras críticas pueden tener consecuencias devastadoras, incluidas interrupciones en servicios esenciales, interrupciones económicas y riesgos para la seguridad pública. Al infiltrar sistemas de control industrial, explotar vulnerabilidades en infraestructura de red o lanzar ataques de denegación de servicio, los espías cibernéticos pueden interrumpir operaciones, causar daños físicos y comprometer la seguridad pública. Proteger la infraestructura crítica contra el espionaje cibernético requiere colaboración entre agencias gubernamentales, entidades del sector privado y socios internacionales para identificar vulnerabilidades, mejorar la resiliencia y mitigar riesgos de manera efectiva.

5. **Privacidad Individual:** El espionaje cibernético representa una amenaza significativa para los derechos de privacidad individual, la autonomía personal y las libertades digitales. Las tecnologías de vigilancia, las prácticas de recopilación de datos y los mecanismos de seguimiento en línea utilizados por los espías cibernéticos pueden vulnerar la privacidad de las personas, monitorear sus actividades y socavar sus derechos al anonimato y la libre expresión. Los programas de vigilancia masiva llevados a cabo por gobiernos, las filtraciones de datos por parte de actores maliciosos y las prácticas de recolección de datos corporativos plantean preocupaciones sobre la erosión de los derechos de privacidad en la era digital. Proteger la privacidad individual requiere marcos legales sólidos, salvaguardias tecnológicas y pautas éticas para garantizar que los datos personales de los individuos se manejen de manera responsable, transparente y respetando sus derechos y libertades.

6. **Geopolítica Global:** Finalmente, el espionaje cibernético es importante en el contexto de la geopolítica global, las relaciones internacionales y los asuntos diplomáticos. Las actividades de espionaje cibernético realizadas por estados-nación pueden exacerbar tensiones, aumentar conflictos y desestabilizar regiones en todo el mundo. Los ciberataques patrocinados por estados dirigidos a gobiernos extranjeros, instalaciones militares o infraestructura crítica pueden desencadenar crisis diplomáticas, provocar medidas de represalia y llevar a la escalada en la guerra cibernética. La proliferación de capacidades cibernéticas ofensivas, la falta de normas internacionales y regulaciones que gobiernen el espionaje cibernético, y la ausencia de mecanismos efectivos de disuasión plantean desafíos significativos para la seguridad y estabilidad global. Abordar el espionaje cibernético en el contexto de la geopolítica requiere fomentar la cooperación internacional,

establecer normas de comportamiento y desarrollar mecanismos de atribución, responsabilidad y resolución de disputas.

El espionaje cibernético tiene una importancia profunda en el mundo moderno debido a sus amplias implicaciones para la seguridad nacional, la estabilidad económica, la privacidad individual y la geopolítica global. Al comprender la naturaleza, los métodos y las implicaciones del espionaje cibernético, individuos, organizaciones y gobiernos pueden protegerse mejor contra esta amenaza omnipresente y salvaguardar la integridad, seguridad y resiliencia del ciberespacio para las generaciones futuras. Los esfuerzos para abordar el espionaje cibernético requieren un enfoque multifacético que abarque la innovación tecnológica, la reforma legal, la cooperación internacional y la conciencia pública para mitigar riesgos de manera efectiva y promover un entorno digital seguro, protegido y confiable para todos.

Cómo te afecta el espionaje cibernético

Comprender cómo el espionaje cibernético afecta a las personas es crucial para navegar por las complejidades de la era digital. Desde amenazas a la privacidad personal y la seguridad hasta impactos más amplios en la sociedad, el espionaje cibernético tiene consecuencias de gran alcance que pueden afectar profundamente la vida de las personas de diversas maneras.

1. **Preocupaciones sobre la Privacidad:** Una de las formas más inmediatas en que el espionaje cibernético afecta a las personas es a través de preocupaciones sobre la privacidad. Con la proliferación de tecnologías de vigilancia, prácticas de recopilación de datos y mecanismos de seguimiento en línea, la información personal de los individuos es cada vez más vulnerable al acceso no autorizado, monitoreo y explotación. Los programas de vigilancia patrocinados por el estado, las prácticas de recolección de datos corporativos y las actividades de hacking

malicioso representan amenazas significativas para los derechos de privacidad individuales, la autonomía y las libertades digitales. Por ejemplo, la recopilación de metadatos por parte de agencias gubernamentales, el uso de cookies de seguimiento por parte de anunciantes y la exposición de datos personales en filtraciones de datos pueden comprometer la privacidad de los individuos y exponerlos a posibles daños.

2. **Robo de Identidad y Fraude:** El espionaje cibernético también pone a las personas en riesgo de robo de identidad, fraude y explotación financiera. Los actores maliciosos pueden usar información personal robada, como números de Seguro Social, detalles de tarjetas de crédito o credenciales de inicio de sesión, para suplantar a individuos, realizar transacciones fraudulentas o robar sus activos. Los ataques de phishing, las infecciones de malware y las filtraciones de datos pueden facilitar esquemas de robo de identidad y fraude, lo que lleva a pérdidas financieras, daños a la reputación y angustia emocional para las víctimas. Protegerse contra el robo de identidad y el fraude requiere vigilancia, conciencia y medidas proactivas, como el uso de contraseñas sólidas, la activación de la autenticación de dos factores y el monitoreo de cuentas financieras en busca de actividad sospechosa.

3. **Vigilancia y Monitoreo:** Las personas también pueden estar sujetas a vigilancia y monitoreo por parte de gobiernos, corporaciones o actores maliciosos involucrados en actividades de espionaje cibernético. Las tecnologías de vigilancia, como las cámaras de circuito cerrado de televisión (CCTV), los sistemas de reconocimiento facial y los dispositivos de monitoreo electrónico, pueden rastrear los movimientos, comportamientos y actividades de los individuos en espacios públicos y privados. De manera similar, las técnicas de vigilancia en línea, como la monitorización de internet, el seguimiento en redes sociales y la

interceptación de correos electrónicos, pueden invadir la privacidad digital de los individuos y exponerlos a posibles escrutinios o manipulaciones. La naturaleza omnipresente de la vigilancia y el monitoreo en la era digital plantea preocupaciones sobre las libertades civiles, los derechos humanos y el derecho a la privacidad, lo que genera llamados a una mayor transparencia, responsabilidad y supervisión de las prácticas de vigilancia.

4. **Acoso y Hostigamiento Cibernético:** El espionaje cibernético también puede manifestarse en forma de acoso cibernético, hostigamiento y abuso en línea dirigido a individuos. Los actores maliciosos pueden usar plataformas de redes sociales, aplicaciones de mensajería o correos electrónicos para acosar, intimidar o amenazar a sus víctimas, causando angustia emocional, trauma psicológico y aislamiento social. Comportamientos de acoso cibernético, como el monitoreo persistente, el contacto no deseado y la divulgación de información personal, pueden escalar a amenazas y violencia en el mundo real, representando riesgos graves para la seguridad y el bienestar de los individuos. Combatir el acoso y hostigamiento cibernético requiere protecciones legales, intervención policial y servicios de apoyo para las víctimas para garantizar su seguridad, protección y dignidad en espacios en línea.

5. **Privacidad de Datos y Consentimiento:** Los derechos de privacidad de datos y consentimiento de los individuos también se ven implicados en actividades de espionaje cibernético, especialmente en el contexto de prácticas de recopilación, procesamiento y compartición de datos. Las empresas y organizaciones a menudo recopilan grandes cantidades de datos personales de individuos a través de diversos servicios en línea, aplicaciones y plataformas, a menudo sin su consentimiento explícito o conocimiento. Estos datos pueden ser utilizados para

publicidad dirigida, perfilado de comportamiento o toma de decisiones algorítmica, planteando preocupaciones sobre la autonomía individual, el consentimiento y el control sobre la información personal. La falta de transparencia, responsabilidad y supervisión regulatoria en las prácticas de privacidad de datos exacerba estas preocupaciones, lo que requiere una mayor regulación, responsabilidad y empoderamiento del usuario para proteger los derechos de privacidad de los individuos.

6. **Impacto Psicológico:** Más allá de los daños tangibles del espionaje cibernético, los individuos también pueden experimentar impactos psicológicos, como ansiedad, estrés y paranoia, como resultado de la percepción de vigilancia, monitoreo o exposición a amenazas en línea. La constante conciencia de posibles violaciones de privacidad, filtraciones de datos o ataques cibernéticos puede contribuir a sentimientos de vulnerabilidad, inseguridad y desconfianza en las interacciones digitales. Además, el temor a ser vigilado o ser blanco de actores maliciosos puede llevar a individuos a la autocensura, evitar actividades en línea o desconectarse de plataformas digitales, limitando su participación en comunidades en línea y redes sociales. Abordar los impactos psicológicos del espionaje cibernético requiere fomentar la alfabetización digital, promover la resiliencia y brindar servicios de apoyo a las personas afectadas por amenazas y acoso en línea.

El espionaje cibernético afecta a los individuos de múltiples maneras, desde amenazas a la privacidad y seguridad personal hasta impactos más amplios en las libertades civiles, los derechos humanos y el bienestar psicológico. Al comprender la naturaleza, los métodos y las implicaciones del espionaje cibernético, los individuos pueden protegerse mejor contra las amenazas en línea y abogar por una mayor transparencia, responsabilidad y estándares éticos en las prácticas digitales. Los esfuerzos para abordar el espionaje cibernético requieren un enfoque multifacético que abarque reformas legales, innovación tecnológica, educación pública y cooperación internacional para promover un entorno digital seguro, protegido y confiable para todos.

Capítulo 2
Cómo Comenzó el Espionaje Cibernético

Los orígenes del espionaje cibernético se remontan a los primeros días de la informática, cuando la aparición de tecnologías digitales presentó nuevas oportunidades y desafíos para la recopilación de inteligencia y la vigilancia. En este capítulo, exploramos el contexto histórico y los hitos clave que marcaron el inicio del espionaje cibernético, desde la era de la Guerra Fría hasta el advenimiento de la era de internet.

A medida que el mundo entraba en el período de la Guerra Fría, las agencias de inteligencia comenzaron a reconocer el potencial de las computadoras y las tecnologías de telecomunicaciones para fines de espionaje y vigilancia. Los rápidos avances en capacidades informáticas, junto con la creciente interconexión de las redes de comunicación global, crearon nuevas vías para la recopilación de inteligencia, el monitoreo de adversarios y la realización de operaciones encubiertas.

Durante la Guerra Fría, tanto Estados Unidos como la Unión Soviética invirtieron considerablemente en el desarrollo de sofisticadas capacidades de vigilancia y espionaje, aprovechando tecnologías emergentes como la criptografía, la inteligencia de señales y la vigilancia por satélite. La Carrera Espacial, la Carrera de Armamentos y las tensiones geopolíticas alimentaron una competencia por la supremacía tecnológica y la ventaja estratégica, impulsando innovaciones en técnicas y tácticas de espionaje cibernético.

Con la proliferación de computadoras personales, internet y comunicaciones digitales a fines del siglo XX, el espionaje cibernético ingresó en una nueva fase de evolución, caracterizada por una mayor conectividad, complejidad y sofisticación. La digitalización de la información, la globalización del comercio y el aumento del cibercrimen presentaron nuevos desafíos y oportunidades para las agencias de inteligencia, los gobiernos y actores maliciosos por igual.

Orígenes de la Guerra Fría

La Guerra Fría, que abarcó aproximadamente desde el final de la Segunda Guerra Mundial en 1945 hasta la disolución de la Unión Soviética en 1991, se caracterizó por una intensa rivalidad geopolítica y confrontación ideológica entre Estados Unidos y la Unión Soviética. En el centro de este conflicto estaba la lucha por la supremacía global en los ámbitos político, económico y militar, que se desarrolló en múltiples frentes, incluyendo el espionaje y la recopilación de inteligencia. La era de la Guerra Fría marcó el inicio del espionaje cibernético moderno, ya que ambas superpotencias reconocieron la importancia estratégica de la tecnología de la información y las telecomunicaciones para la seguridad nacional y los propósitos de inteligencia.

1. **Orígenes del Espionaje Cibernético:** Los orígenes del espionaje cibernético durante la Guerra Fría se remontan a los primeros esfuerzos de las agencias de inteligencia para aprovechar las tecnologías emergentes para el espionaje y la vigilancia. El desarrollo de computadoras, redes de telecomunicaciones y criptografía durante este período proporcionó nuevas herramientas y capacidades para la recopilación de inteligencia, monitoreo de comunicaciones y realización de operaciones encubiertas. Tanto Estados Unidos como la Unión Soviética invirtieron fuertemente en la

construcción de infraestructura y capacidades de inteligencia sofisticadas, incluyendo inteligencia de señales (SIGINT), descifrado de códigos y operaciones de vigilancia encubierta.

2. **Inteligencia de Señales (SIGINT):** La inteligencia de señales, o SIGINT, desempeñó un papel central en los esfuerzos de espionaje cibernético durante la Guerra Fría. El SIGINT implica interceptar y analizar señales electrónicas, como transmisiones de radio, conversaciones telefónicas y comunicaciones digitales, para recopilar inteligencia sobre actividades enemigas, intenciones y capacidades. Las agencias de inteligencia, como la Agencia de Seguridad Nacional (NSA) en Estados Unidos y la KGB en la Unión Soviética, desarrollaron extensas capacidades de SIGINT para monitorear comunicaciones entre funcionarios gubernamentales, unidades militares y misiones diplomáticas, proporcionando valiosos conocimientos sobre planes e intenciones enemigos.

3. **Descifrado de Códigos y Criptografía:** El descifrado de códigos y la criptografía fueron componentes críticos de las operaciones de espionaje cibernético durante la Guerra Fría. Tanto Estados Unidos como la Unión Soviética invirtieron fuertemente en el desarrollo de tecnologías y técnicas criptográficas para cifrar y descifrar comunicaciones sensibles. La NSA, en particular, desempeñó un papel clave en el descifrado de códigos y cifrados enemigos, como la máquina Enigma utilizada por la Alemania Nazi durante la Segunda Guerra Mundial. La criptoanálisis, la ciencia de romper códigos y cifrados, se convirtió en un foco principal de los esfuerzos de las agencias de inteligencia para acceder a comunicaciones e inteligencia enemigas.

4. **Operaciones de Vigilancia Encubierta:** Las operaciones de vigilancia encubierta fueron otra característica distintiva del espionaje cibernético durante la Guerra Fría. Las agencias de

inteligencia llevaron a cabo operaciones clandestinas para infiltrar organizaciones enemigas, monitorear comunicaciones diplomáticas y recopilar inteligencia sobre actividades enemigas. La CIA y la KGB dirigieron redes extensas de agentes, informantes y operativos en todo el mundo para recopilar información, reclutar activos y llevar a cabo operaciones encubiertas. Estas operaciones a menudo involucraban artesanía sofisticada, incluyendo disfraces, puntos muertos y métodos de comunicación encubierta, para evadir la detección y mantener la seguridad operativa.

5. **Innovaciones Tecnológicas:** La era de la Guerra Fría presenció avances tecnológicos rápidos que revolucionaron el campo del espionaje cibernético. El desarrollo de computadoras, electrónica miniaturizada y redes de telecomunicaciones brindó nuevas oportunidades para la recopilación de inteligencia y vigilancia. La invención del transistor, los circuitos integrados y los microprocesadores permitieron la miniaturización de dispositivos electrónicos, lo que hizo posible construir equipos de vigilancia más pequeños y potentes. La proliferación de satélites, aviones de reconocimiento y drones de vigilancia también mejoró las capacidades de las agencias de inteligencia para recopilar inteligencia de imágenes y señales desde ubicaciones remotas.

6. **Espionaje y Contrainteligencia:** El espionaje y la contrainteligencia fueron aspectos centrales de los esfuerzos de espionaje cibernético durante la Guerra Fría. Tanto Estados Unidos como la Unión Soviética llevaron a cabo extensas operaciones de espionaje para infiltrar los gobiernos, organizaciones militares e instituciones científicas del otro. Se desplegaron agentes dobles, topos y células durmientes para recopilar inteligencia, sabotear operaciones enemigas y sembrar desinformación. Las agencias de contrainteligencia, como el FBI

y la KGB, trabajaron incansablemente para identificar y neutralizar espías enemigos, prevenir filtraciones de información clasificada y proteger los intereses de seguridad nacional.

La era de la Guerra Fría marcó el inicio del espionaje cibernético moderno, ya que tanto Estados Unidos como la Unión Soviética reconocieron la importancia estratégica de la tecnología de la información y las telecomunicaciones para la recopilación de inteligencia y la vigilancia. El desarrollo de la inteligencia de señales, el descifrado de códigos, las operaciones encubiertas de vigilancia y las innovaciones tecnológicas sentaron las bases para las capacidades de espionaje cibernético que continuarían evolucionando y expandiéndose en las décadas siguientes. Al comprender los orígenes del espionaje cibernético durante la Guerra Fría, podemos obtener valiosas ideas sobre las motivaciones, los métodos y las implicaciones del espionaje cibernético moderno en la era digital.

Transición a la Era Digital

La transición a la era digital marcó un cambio significativo en el panorama del espionaje cibernético, ya que los avances en informática, telecomunicaciones y tecnología de la información revolucionaron los métodos, capacidades e implicaciones de la recopilación de inteligencia y la vigilancia. A partir de finales del siglo XX, la proliferación de computadoras personales, internet y redes de comunicación digital creó nuevas oportunidades y desafíos para espías cibernéticos, gobiernos y actores maliciosos por igual. Comprender esta transición es crucial para comprender la evolución del espionaje cibernético y su profundo impacto en la sociedad moderna.

1. **Surgimiento de la Computación Personal:** La transición a la era digital fue catalizada por el surgimiento de la computación personal a finales del siglo XX. La invención del

microprocesador, el desarrollo de sistemas operativos y la comercialización de computadoras personales permitieron a individuos y organizaciones acceder, procesar y almacenar vastas cantidades de datos con una velocidad y eficiencia sin precedentes. Las computadoras personales se volvieron omnipresentes en hogares, empresas y agencias gubernamentales, transformando la forma en que las personas trabajan, se comunican e interactúan con la información.

2. **Proliferación de Internet:** El advenimiento de Internet revolucionó la forma en que las personas acceden, comparten e intercambian información, creando nuevas oportunidades para la comunicación, el comercio y la colaboración a escala global. El desarrollo de la World Wide Web, el lenguaje de marcado de hipertexto (HTML) y los navegadores web facilitaron a los usuarios navegar e interactuar con contenido digital en línea. Internet también facilitó la rápida difusión de información, permitiendo a individuos y organizaciones comunicarse instantáneamente y acceder a una gran cantidad de recursos y servicios desde cualquier lugar del mundo.

3. **Conectividad e Interdependencia Global:** La conectividad global de Internet y la interdependencia acercaron a las personas, empresas y gobiernos, pero también crearon nuevas vulnerabilidades y riesgos. La naturaleza interconectada del ciberespacio hizo posible que los espías cibernéticos llevaran a cabo actividades de espionaje y vigilancia a escala global, dirigiéndose a individuos, organizaciones y gobiernos desde ubicaciones remotas. La naturaleza sin fronteras de Internet difuminó las líneas entre las amenazas cibernéticas domésticas e internacionales, desafiando las nociones tradicionales de soberanía, jurisdicción y responsabilidad.

4. **Surgimiento de la Ciberguerra:** La transición a la era digital también presenció el surgimiento de la ciberguerra como un

nuevo dominio de conflicto y competencia entre naciones. Los ciberataques patrocinados por estados dirigidos a agencias gubernamentales, instalaciones militares e infraestructura crítica se volvieron cada vez más comunes, ya que las naciones buscaban obtener ventajas estratégicas y afirmar su influencia en el ciberespacio. El gusano Stuxnet, que se cree fue desarrollado por Estados Unidos e Israel, fue uno de los primeros casos conocidos de un arma cibernética utilizada para sabotear el programa nuclear de un adversario, señalando el surgimiento de una nueva era de guerra.

5. **Espionaje Cibernético y Recopilación de Inteligencia:**

    La era digital proporcionó a los espías cibernéticos nuevas herramientas y técnicas para recopilar inteligencia y llevar a cabo operaciones de vigilancia. El vasto tesoro de datos digitales de Internet, que incluye correos electrónicos, documentos y publicaciones en redes sociales, se convirtió en una rica fuente de información para las agencias de inteligencia que buscan monitorear adversarios, identificar amenazas y obtener información sobre actividades enemigas. Las capacidades de inteligencia de señales (SIGINT) se expandieron para abarcar las comunicaciones digitales, como correo electrónico, mensajería instantánea y Voz sobre Protocolo de Internet (VoIP), lo que permitió a los espías cibernéticos interceptar y analizar señales electrónicas en tiempo real.

6. **Avances y Innovaciones Tecnológicas:** Los avances y las innovaciones tecnológicas impulsaron la evolución de las capacidades de espionaje cibernético durante la transición a la era digital. El desarrollo de algoritmos de cifrado avanzados, protocolos de comunicación seguros y técnicas criptográficas fortaleció la seguridad de las comunicaciones digitales y dificultó que los espías cibernéticos interceptaran y descifraran información sensible. Por otro lado, la proliferación de malware,

herramientas de piratería y kits de exploits proporcionó a los actores maliciosos nuevos medios para infiltrarse en sistemas informáticos, robar datos y perturbar operaciones.

7. **Desafíos y Riesgos:** La transición a la era digital también trajo nuevos desafíos y riesgos para la ciberseguridad y la seguridad nacional. La creciente dependencia de las tecnologías digitales y los sistemas interconectados hizo que individuos, organizaciones y gobiernos fueran más vulnerables a los ciberataques, las violaciones de datos y la guerra de la información. Estados-nación, sindicatos criminales y grupos hacktivistas explotaron vulnerabilidades en software, redes e infraestructura para lanzar una amplia gama de amenazas cibernéticas, incluidos ataques de ransomware, ataques de denegación de servicio distribuido (DDoS) y robos de datos.

8. **Respuestas Regulatorias y Políticas:** Los gobiernos y los responsables de formular políticas respondieron a los desafíos de la era digital promulgando leyes, regulaciones y políticas destinadas a mejorar la ciberseguridad, proteger la infraestructura crítica y combatir las amenazas cibernéticas. El Reglamento General de Protección de Datos (GDPR) de la Unión Europea, por ejemplo, introdujo rigurosos requisitos de protección de datos y sanciones por incumplimiento, mientras que Estados Unidos estableció agencias como el Departamento de Seguridad Nacional (DHS) y la Agencia de Seguridad de Infraestructura y Ciberseguridad (CISA) para coordinar los esfuerzos de ciberseguridad y proteger la infraestructura crítica nacional.

La transición a la era digital marcó un cambio profundo en el panorama del espionaje cibernético, ya que los avances en computación, telecomunicaciones y tecnología de la información transformaron los métodos, capacidades e implicaciones de la recolección de inteligencia y la vigilancia. La emergencia de la computación personal, la proliferación de internet y el surgimiento de la guerra cibernética remodelaron el panorama geopolítico, desafiando las nociones tradicionales de seguridad, soberanía y privacidad. Al entender esta transición, podemos obtener ideas valiosas sobre la evolución del espionaje cibernético y su impacto profundo en la sociedad moderna.

Pioneros del Espionaje Cibernético

Los pioneros del espionaje cibernético desempeñaron roles fundamentales en la configuración del panorama de la recolección de inteligencia y la vigilancia en la era digital. Estos individuos y organizaciones fueron adoptantes tempranos de tecnologías emergentes, innovadores en operaciones encubiertas y pioneros en la explotación del potencial del ciberespacio con fines de espionaje. Sus contribuciones sentaron las bases para las capacidades modernas de espionaje cibernético e influyeron en la evolución de las tácticas, técnicas y estrategias de espionaje cibernético.

1. **Agencia de Seguridad Nacional (NSA):** La NSA, establecida en 1952, desempeñó un papel pionero en inteligencia de señales (SIGINT) y descifrado de códigos durante la era de la Guerra Fría. Con el mandato de interceptar, analizar y explotar comunicaciones extranjeras, la NSA desarrolló capacidades sofisticadas de vigilancia para monitorear comunicaciones enemigas, descifrar mensajes encriptados y recopilar inteligencia sobre actividades adversarias. El éxito de la NSA en romper códigos y cifras enemigos, como la máquina Enigma utilizada por la Alemania nazi durante la Segunda Guerra Mundial, la estableció como líder mundial en criptoanálisis y vigilancia electrónica.

2. **Cuartel General de Comunicaciones del Gobierno (GCHQ):** El GCHQ, la agencia británica de inteligencia de señales, ha estado a la vanguardia de los esfuerzos de espionaje

y vigilancia cibernética desde su establecimiento en 1919. Con un enfoque en interceptar y analizar comunicaciones extranjeras, el GCHQ desempeñó un papel clave en el descifrado de códigos y cifras enemigos durante la Segunda Guerra Mundial y la Guerra Fría. En la era digital, el GCHQ expandió sus capacidades de espionaje cibernético para monitorear comunicaciones digitales, interceptar tráfico de Internet y llevar a cabo operaciones cibernéticas ofensivas contra adversarios.

3. **Agencia Central de Inteligencia (CIA):** La CIA, la principal agencia de inteligencia de Estados Unidos, tiene una larga historia de llevar a cabo operaciones encubiertas y actividades de espionaje en todo el mundo. Fundada en 1947, la CIA desempeñó un papel fundamental en la recopilación de inteligencia, la realización de operaciones encubiertas e influir en gobiernos extranjeros durante la era de la Guerra Fría. En la era digital, la CIA amplió sus capacidades de espionaje cibernético para recopilar inteligencia de fuentes digitales, infiltrar redes enemigas y desestabilizar operaciones adversarias utilizando armas y técnicas cibernéticas.

4. **KGB y GRU:** El KGB, la principal agencia de seguridad de la Unión Soviética, y el GRU, su agencia de inteligencia militar, fueron instrumentales en la realización de operaciones de espionaje y vigilancia cibernética durante la Guerra Fría. Con un enfoque en la recopilación de inteligencia, la infiltración de organizaciones enemigas y la realización de operaciones encubiertas, el KGB y el GRU emplearon una amplia gama de tácticas y técnicas para monitorear adversarios, robar secretos y manipular gobiernos extranjeros. En la era digital, las agencias sucesoras del KGB y el GRU, como el FSB y el SVR, continúan llevando a cabo espionaje cibernético y operaciones encubiertas en nombre del gobierno ruso.

5. **Mossad:**Mossad, la agencia de inteligencia de Israel, ha sido pionera en espionaje cibernético y operaciones encubiertas desde su establecimiento en 1949. Con un enfoque en la recopilación de inteligencia, la realización de operaciones antiterroristas y la protección de los intereses israelíes, Mossad ha desarrollado capacidades sofisticadas de espionaje cibernético para monitorear adversarios, infiltrar redes enemigas y desestabilizar actividades hostiles. Las operaciones cibernéticas de Mossad han apuntado a organizaciones terroristas, estados rebeldes y adversarios en el Medio Oriente y más allá.

6. **Stuxnet:**Stuxnet, un sofisticado ciberarma descubierto en 2010, fue uno de los primeros casos conocidos de un ciberataque patrocinado por un estado dirigido a sistemas de control industrial. Se cree que fue desarrollado por Estados Unidos e Israel, y estaba diseñado para sabotear el programa nuclear de Irán atacando las máquinas centrífugas utilizadas para el enriquecimiento de uranio. El despliegue de Stuxnet marcó una escalada significativa en las tácticas de guerra cibernética y destacó el potencial de las armas cibernéticas para perturbar infraestructuras críticas y sabotear operaciones enemigas.

7. **Edward Snowden:**Edward Snowden, un ex contratista de la NSA, se convirtió en un denunciante en 2013 cuando filtró documentos clasificados que revelaban la magnitud de los programas de vigilancia global de la NSA. Las revelaciones de Snowden expusieron la amplia vigilancia masiva de las comunicaciones por internet, la recopilación de metadatos telefónicos y otras prácticas de vigilancia intrusiva llevadas a cabo por la NSA y sus aliados. Las revelaciones de Snowden provocaron un debate global sobre la privacidad, las libertades civiles y la vigilancia gubernamental, lo que llevó a pedidos de mayor transparencia, rendición de cuentas y reforma de las prácticas de vigilancia de las agencias de inteligencia.

8. **Shadow Brokers:** Los Shadow Brokers, un misterioso grupo de piratas informáticos, ganaron notoriedad en 2016 cuando filtraron un tesoro de herramientas y exploits de hacking clasificados de la NSA en la web oscura. Las herramientas filtradas, que incluían vulnerabilidades de día cero, implantes de malware y kits de explotación, presuntamente fueron robadas de la unidad de élite de hacking de la NSA, las Operaciones de Acceso a la Medida (TAO, por sus siglas en inglés). Las revelaciones de los Shadow Brokers expusieron las vulnerabilidades de las armas cibernéticas gubernamentales y generaron preocupaciones sobre la proliferación de armas cibernéticas en manos de actores maliciosos.

Los pioneros del espionaje cibernético han desempeñado roles fundamentales en dar forma al panorama de la recolección de inteligencia y la vigilancia en la era digital. Desde agencias de inteligencia gubernamentales hasta denunciantes y grupos de piratería, estos individuos y organizaciones han impulsado la innovación, expuesto vulnerabilidades e influido en la evolución de las tácticas y estrategias del espionaje cibernético. Al comprender sus contribuciones y motivaciones, podemos obtener ideas valiosas sobre la naturaleza compleja y cambiante del espionaje cibernético en el mundo moderno.

Capítulo 3
Convertirse en un Maestro del Espionaje en el Mundo Digital

En la era digital, el arte del espionaje ha evolucionado para abarcar una amplia variedad de técnicas sofisticadas y estrategias diseñadas para explotar las vulnerabilidades del mundo interconectado. Convertirse en un maestro del espionaje en el mundo digital requiere una comprensión profunda de la tecnología, la psicología y las técnicas de oficio, así como la capacidad de adaptarse a amenazas y entornos que cambian rápidamente.

En este capítulo, exploramos las habilidades, tácticas y mentalidad necesarias para sobresalir en el campo del espionaje cibernético. Desde la recolección de información y la ingeniería social hasta técnicas de cifrado y evasión, dominar las herramientas del oficio es esencial para el éxito en el mundo del espionaje digital. También indagamos en las consideraciones éticas y legales que rodean al espionaje cibernético, examinando los límites de la conducta aceptable y las consecuencias de cruzarlos.

Ya sea que aspire a trabajar en agencias de inteligencia, defenderse contra amenazas cibernéticas o simplemente obtener una mejor comprensión del panorama digital, este capítulo proporcionará información valiosa sobre el mundo del espionaje cibernético y las habilidades necesarias para navegarlo de manera efectiva. Únase a nosotros mientras nos embarcamos en un viaje al mundo clandestino del espionaje digital y descubrimos los secretos para convertirse en un maestro del espionaje en la era digital.

Habilidades Necesarias para el Espionaje Cibernético

El espionaje cibernético, también conocido como espionaje informático, es una empresa compleja y multifacética que requiere un conjunto diverso de habilidades y competencias. Desde experiencia técnica hasta habilidades en ingeniería social, los ciberespías deben poseer una amplia gama de habilidades para recopilar inteligencia con éxito, infiltrarse en redes objetivo y evadir la detección. En esta sección, exploraremos las habilidades clave necesarias para el espionaje cibernético y cómo contribuyen al éxito de las operaciones de espionaje.

1. **Dominio Técnico:** Quizás la habilidad más fundamental para los ciberespías sea el dominio técnico en varios aspectos de la tecnología de la información y ciberseguridad. Esto incluye conocimientos sobre redes informáticas, sistemas operativos, lenguajes de programación y herramientas de ciberseguridad. Los ciberespías deben ser hábiles en la navegación de entornos digitales complejos, comprender cómo operan los sistemas y las redes, y explotar vulnerabilidades para obtener acceso no autorizado. El dominio de técnicas de hacking, análisis de malware y forense digital también es esencial para llevar a cabo operaciones de espionaje cibernético con éxito.

2. **Ingeniería Social:** La ingeniería social es otra habilidad crítica para los ciberespías, ya que implica manipular a individuos u organizaciones para que divulguen información confidencial, otorguen acceso a sistemas sensibles o realicen acciones que beneficien al atacante. Las técnicas de ingeniería social pueden incluir phishing, pretexting, cebo y cola, entre otras. Los ciberespías deben ser hábiles en comprender la psicología humana, establecer una relación con los objetivos y elaborar mensajes o escenarios persuasivos para obtener las respuestas deseadas. La ingeniería social efectiva puede eludir las defensas

técnicas y proporcionar a los ciberespías acceso valioso a redes o información objetivo.

3. **Reconocimiento Digital:** El reconocimiento digital, también conocido como recopilación de información o inteligencia, es el proceso de recopilar y analizar información sobre individuos, organizaciones o sistemas objetivo para respaldar operaciones de espionaje. Los ciberespías deben ser proficientes en realizar investigaciones de inteligencia de código abierto (OSINT), escanear redes, analizar vulnerabilidades e identificar posibles objetivos. El reconocimiento digital proporciona información valiosa sobre los comportamientos, preferencias y vulnerabilidades del objetivo, lo que permite a los ciberespías adaptar sus tácticas y estrategias para lograr el máximo impacto.

4. **Seguridad Operativa (OPSEC):** La seguridad operativa, u OPSEC, es la práctica de proteger información sensible y mantener la seguridad operativa para evitar que los adversarios detecten, intercepten o interrumpan actividades de espionaje. Los ciberespías deben ser hábiles en mantener el anonimato, cubrir sus huellas y evitar la detección por parte de adversarios, herramientas de seguridad y sistemas de monitoreo. Esto puede implicar el uso de cifrado, herramientas de anonimización, redes privadas virtuales (VPN) y otras técnicas de contra vigilancia para ocultar sus identidades y actividades. Una OPSEC efectiva es crucial para mantener el secreto y la integridad de las operaciones de espionaje y proteger la seguridad de los operativos.

5. **Adaptabilidad y Creatividad:** Los ciberespías deben ser adaptables y creativos en su enfoque del espionaje, ya que a menudo enfrentan amenazas, entornos y tecnologías en constante cambio. La capacidad para pensar de manera innovadora, idear nuevas técnicas y adaptarse a desafíos en evolución es esencial para mantenerse un paso adelante de los

adversarios y alcanzar los objetivos de la misión. Los ciberespías deben actualizar constantemente sus habilidades, aprender nuevas tecnologías y anticipar amenazas emergentes para seguir siendo efectivos en el mundo dinámico del espionaje cibernético.

6. **Habilidades Culturales y Lingüísticas:** En muchos casos, los ciberespías pueden necesitar operar en entornos extranjeros o dirigirse a individuos de diferentes trasfondos culturales. Por lo tanto, las habilidades culturales y lingüísticas son activos valiosos para los ciberespías, permitiéndoles navegar efectivamente por normas sociales, costumbres y barreras lingüísticas. La competencia en idiomas extranjeros, la conciencia cultural y las habilidades de comunicación interpersonal pueden ayudar a los ciberespías a establecer una relación con los objetivos, recopilar inteligencia discretamente y evitar sospechas.

7. **Conciencia Ética:** La conciencia ética es una consideración importante para los ciberespías, ya que sus acciones pueden tener implicaciones éticas, legales y morales significativas. Los ciberespías deben considerar cuidadosamente las posibles consecuencias de sus acciones, adherirse a pautas éticas y marcos legales, y priorizar la protección de individuos inocentes y no combatientes. Mantener estándares éticos y realizar espionaje con integridad y profesionalismo es esencial para mantener la confianza pública, preservar los intereses de seguridad nacional y evitar daños a la reputación.

El espionaje cibernético requiere un conjunto diverso de habilidades y competencias, que van desde la competencia técnica hasta la destreza en ingeniería social, la adaptabilidad y la conciencia ética. Los ciberespías deben ser hábiles para navegar por entornos digitales complejos, manipular el comportamiento humano y mantener la seguridad operativa para lograr sus objetivos de manera discreta y efectiva. Al dominar estas habilidades y adherirse a principios éticos, los ciberespías pueden contribuir a la seguridad nacional, recopilar inteligencia valiosa y protegerse contra las emergentes amenazas cibernéticas en un mundo cada vez más interconectado.

Entrenamiento y reclutamiento

La formación y el reclutamiento son aspectos críticos para construir una fuerza laboral capacitada para operaciones de espionaje cibernético y recopilación de inteligencia. A medida que el panorama digital continúa evolucionando y las amenazas cibernéticas se vuelven más sofisticadas, los gobiernos, las agencias de inteligencia y las organizaciones privadas invierten en programas de formación e iniciativas de reclutamiento para identificar, desarrollar y desplegar a individuos talentosos con las habilidades y experiencia necesarias para llevar a cabo operaciones efectivas de espionaje cibernético. En esta sección, exploraremos los elementos clave de la formación y el reclutamiento para el espionaje cibernético y la recopilación de inteligencia.

1. **Identificación del Talento:** El primer paso para construir una fuerza laboral capacitada para el espionaje cibernético es identificar individuos con la aptitud, habilidades y potencial para destacarse en este campo. Los esfuerzos de reclutamiento pueden dirigirse a personas con antecedentes en informática, ciberseguridad, ingeniería, matemáticas u otros campos relacionados, así como aquellos con experiencia en el ámbito militar, policial o de agencias de inteligencia. Los reclutadores pueden buscar candidatos que demuestren competencia técnica, habilidades para resolver problemas, capacidad analítica, creatividad y adaptabilidad, así como un fuerte sentido de ética, integridad y discreción.

2. **Iniciativas de Reclutamiento:** Las agencias de inteligencia y las organizaciones gubernamentales a menudo llevan a cabo

iniciativas de reclutamiento dirigidas para atraer talento para operaciones de espionaje cibernético y recopilación de inteligencia. Estas iniciativas pueden incluir ferias de empleo, eventos de reclutamiento, programas de pasantías, oportunidades de becas y esfuerzos de divulgación para interactuar con estudiantes, profesionales y expertos en la comunidad de ciberseguridad. Los reclutadores también pueden aprovechar las redes sociales, las redes profesionales y los sitios web especializados para identificar y conectarse con posibles candidatos que posean las habilidades y calificaciones deseadas.

3. **Autorización de Seguridad:** Debido a la naturaleza sensible de las operaciones de espionaje cibernético, los candidatos para roles en agencias de inteligencia y organizaciones gubernamentales deben someterse a exhaustivas verificaciones de antecedentes y obtener autorizaciones de seguridad antes de poder acceder a información clasificada o participar en actividades de espionaje. Los procesos de autorización de seguridad suelen involucrar investigaciones de antecedentes, entrevistas, pruebas de polígrafo y evaluaciones de lealtad, confiabilidad y idoneidad de un individuo para manejar información clasificada. Los niveles de autorización pueden variar según la sensibilidad de la información y la naturaleza de las operaciones de espionaje involucradas.

4. **Formación Técnica:** Una vez reclutados, los espías cibernéticos reciben formación técnica especializada para desarrollar las habilidades y conocimientos necesarios para llevar a cabo operaciones efectivas de espionaje cibernético. Los programas de formación pueden abarcar una amplia gama de temas, incluidas redes informáticas, sistemas operativos, lenguajes de programación, herramientas de ciberseguridad, técnicas de hacking, informática forense digital y métodos de encriptación. Se pueden utilizar ejercicios prácticos, simulaciones y escenarios

del mundo real para reforzar el aprendizaje y proporcionar experiencia práctica en la realización de operaciones de espionaje.

5. **Habilidades de Ingeniería Social:** Además de la formación técnica, los espías cibernéticos reciben capacitación en técnicas de ingeniería social para manipular a individuos u organizaciones para que divulguen información confidencial, otorguen acceso a sistemas sensibles o realicen acciones que beneficien al atacante. Los programas de formación pueden cubrir temas como phishing, pretexting, cebo, cola y manipulación psicológica, así como habilidades de comunicación interpersonal, técnicas de construcción de relaciones y conciencia cultural. Se pueden utilizar ejercicios de simulación y representaciones para practicar tácticas de ingeniería social en escenarios realistas.

6. **Seguridad Operativa (OPSEC):** La seguridad operativa, o OPSEC, es un componente esencial de la formación para espías cibernéticos, ya que implica proteger la información sensible y mantener la seguridad operativa para evitar que los adversarios detecten, intercepten o interrumpan actividades de espionaje. Los programas de formación pueden cubrir temas como el anonimato, la encriptación, las técnicas contra vigilancia y las mejores prácticas para mantener la seguridad operativa en entornos digitales. Los espías cibernéticos aprenden a cubrir sus huellas, evitar la detección por parte de los adversarios y proteger el secreto y la integridad de las operaciones de espionaje.

7. **Consideraciones Éticas y Legales:** Los espías cibernéticos reciben formación en consideraciones éticas y legales en torno a las actividades de espionaje, incluidos los límites de conducta aceptable, las consecuencias de violar leyes o regulaciones, y los posibles dilemas éticos que pueden encontrar en el curso de su

trabajo. Los programas de formación enfatizan la importancia de mantener los estándares éticos, respetar los derechos de privacidad y adherirse a los marcos legales que rigen la recopilación de inteligencia y las operaciones de vigilancia. Los espías cibernéticos están entrenados para realizar espionaje con integridad, profesionalismo y respeto por los derechos humanos, al tiempo que priorizan la protección de individuos inocentes y no combatientes.

8. **Educación Continua y Desarrollo Profesional:** Los espías cibernéticos participan en educación continua y desarrollo profesional para mantenerse al tanto de las tecnologías emergentes, las amenazas en evolución y las mejores prácticas en espionaje cibernético y recopilación de inteligencia. Los programas de formación pueden incluir cursos continuos, seminarios, talleres, conferencias y certificaciones para mejorar habilidades, ampliar conocimientos y mantener a los operativos actualizados con los últimos avances en el campo. El aprendizaje continuo y el desarrollo profesional son esenciales para mantener la efectividad operativa, adaptarse a entornos cambiantes y mitigar las amenazas emergentes en el mundo dinámico del espionaje cibernético.

La capacitación y el reclutamiento son componentes críticos para construir una fuerza laboral calificada para operaciones de espionaje cibernético y recopilación de inteligencia. Al identificar talento, llevar a cabo iniciativas de reclutamiento dirigidas, proporcionar capacitación especializada y enfatizar consideraciones éticas y legales, las agencias de inteligencia y las organizaciones gubernamentales pueden desarrollar un grupo de espías cibernéticos altamente capacitados capaces de llevar a cabo operaciones de espionaje efectivas en la era digital. La inversión continua en esfuerzos de capacitación y reclutamiento es esencial para mantener la seguridad nacional, protegerse contra las amenazas cibernéticas y salvaguardar los intereses de las naciones y sus ciudadanos en un mundo cada vez más interconectado.

The Rise of Digital Masterminds

La era digital ha inaugurado una nueva era de espionaje, caracterizada por el uso de tecnologías avanzadas, tácticas sofisticadas y operaciones encubiertas realizadas en el ciberespacio. A medida que el mundo se vuelve cada vez más interconectado y dependiente de las tecnologías digitales, las oportunidades para el ciberespionaje se han expandido drásticamente, permitiendo que operativos hábiles conocidos como "genios digitales" ejerzan un poder e influencia sin precedentes en el mundo clandestino de la recolección de inteligencia. En este capítulo, exploramos el surgimiento de los genios digitales y su impacto en la evolución del ciberespionaje en la era moderna.

1. **La Revolución Digital:** La revolución digital, marcada por la proliferación de computadoras personales, internet y redes de comunicación digital, ha transformado el panorama del espionaje y la recolección de inteligencia. Con el advenimiento del ciberespacio, las agencias de inteligencia y los gobiernos obtuvieron nuevas oportunidades para recopilar inteligencia, llevar a cabo vigilancia e influir en adversarios extranjeros sin la necesidad de presencia física o confrontación directa. La revolución digital democratizó el acceso a la información, permitiendo que operativos hábiles aprovecharan la tecnología para recopilar, analizar y explotar vastas cantidades de datos con fines de espionaje.

2. **Habilidades y Expertise:** Los genios digitales poseen una combinación única de habilidades técnicas, pensamiento estratégico y creatividad que los distingue de los espías tradicionales. Estos operativos son altamente competentes en redes informáticas, ciberseguridad, criptografía, técnicas de

hacking y forense digital, lo que les permite navegar por entornos digitales complejos, explotar vulnerabilidades y eludir medidas de seguridad con facilidad. Los genios digitales también son expertos en ingeniería social, manipulación y guerra psicológica, lo que les permite manipular individuos, organizaciones y sistemas para lograr sus objetivos.

3. **Tácticas Adversarias:** Los genios digitales emplean una amplia gama de tácticas y técnicas adversarias para llevar a cabo operaciones de ciberespionaje contra sus adversarios. Estas tácticas pueden incluir ataques de phishing, infecciones de malware, esquemas de ingeniería social y compromisos de la cadena de suministro, entre otros. Los genios digitales aprovechan herramientas y tecnologías sofisticadas para infiltrarse en redes objetivo, extraer información sensible y mantener acceso persistente a sistemas comprometidos. Al explotar vulnerabilidades en software, hardware y comportamiento humano, los genios digitales pueden penetrar incluso los entornos más seguros y evadir la detección durante períodos prolongados.

4. **Actores Estatales:** Los actores estatales, incluidas las agencias de inteligencia y los grupos de piratería patrocinados por el gobierno, están entre los usuarios más prolíficos de genios digitales con fines de ciberespionaje. Estos actores llevan a cabo operaciones de espionaje para recopilar inteligencia, monitorear adversarios, interrumpir actividades enemigas y avanzar en los intereses de seguridad nacional en el ciberespacio. Los actores estatales a menudo operan con recursos sustanciales, capacidades avanzadas y objetivos estratégicos que les permiten llevar a cabo campañas de ciberespionaje sofisticadas y altamente dirigidas contra gobiernos extranjeros, organizaciones militares, infraestructura crítica y entidades del sector privado.

5. **Actores No Estatales:** Los actores no estatales, como grupos hacktivistas, organizaciones cibercriminales y redes terroristas, también emplean genios digitales para llevar a cabo operaciones de ciberespionaje por razones políticas, financieras o ideológicas. Estos actores pueden dirigirse a agencias gubernamentales, corporaciones, organizaciones mediáticas o individuos para robar información sensible, interrumpir operaciones o difundir propaganda en apoyo de sus objetivos. Los actores no estatales a menudo operan con mayor agilidad, flexibilidad y anonimato que los actores estatales, lo que los hace difíciles de detectar y atribuir en el ciberespacio.

6. **Entidades del Sector Privado:** Las entidades del sector privado, incluidas las corporaciones, instituciones de investigación y empresas de ciberseguridad, también emplean genios digitales para llevar a cabo operaciones de espionaje con el fin de obtener ventajas competitivas, robar propiedad intelectual o para fines de espionaje corporativo. Estos actores pueden participar en espionaje industrial, espionaje económico o actividades de amenaza interna para acceder a información propietaria, secretos comerciales o datos sensibles pertenecientes a competidores, socios o clientes. Los genios digitales del sector privado pueden operar con mayor discreción y sofisticación que sus contrapartes en el sector público, aprovechando el conocimiento interno, las relaciones de confianza y el acceso a información privilegiada para lograr sus objetivos.

7. **Implicaciones Globales:** El surgimiento de genios digitales tiene profundas implicaciones globales para la seguridad, la diplomacia y la geopolítica en el siglo XXI. Las operaciones de ciberespionaje llevadas a cabo por actores estatales, no estatales y entidades del sector privado pueden tener consecuencias de gran alcance, incluida la desestabilización política, la interrupción económica y la agitación social. La atribución de

ataques cibernéticos y operaciones de espionaje a menudo es desafiante debido al anonimato, la negabilidad y las tácticas de engaño empleadas por los genios digitales, lo que lleva a tensiones entre naciones, desconfianza entre aliados y conflictos cibernéticos escalados.

8. **Contramedidas y Defensas:** Los gobiernos, las organizaciones y los individuos deben implementar contramedidas y defensas sólidas para mitigar las amenazas planteadas por los genios digitales y las operaciones de ciberespionaje. Esto incluye la inversión en infraestructura de ciberseguridad, la implementación de mejores prácticas para la seguridad de redes, la realización de evaluaciones regulares de riesgos y evaluaciones de vulnerabilidad, y la educación de los usuarios sobre los riesgos de la ingeniería social y los ataques de phishing. La colaboración entre gobiernos, organizaciones internacionales y el sector privado es esencial para compartir inteligencia de amenazas, coordinar respuestas y desarrollar defensas colectivas contra las amenazas de ciberespionaje.

El surgimiento de los genios digitales ha transformado el panorama del ciberespionaje, inaugurando una nueva era de recopilación de inteligencia y vigilancia en la era digital. Estos operativos hábiles aprovechan tecnologías avanzadas, tácticas sofisticadas y técnicas adversariales para llevar a cabo operaciones de espionaje contra adversarios en el ciberespacio. A medida que el mundo se vuelve cada vez más interconectado y dependiente de las tecnologías digitales, la importancia de comprender, detectar y mitigar las amenazas planteadas por los genios digitales no puede ser exagerada. Al invertir en ciberseguridad, mejorar las capacidades de inteligencia de amenazas y fomentar la colaboración entre gobiernos, organizaciones y el sector privado, podemos defender colectivamente contra las amenazas de ciberespionaje y salvaguardar la integridad, seguridad y estabilidad del ciberespacio para las futuras generaciones.

Capítulo 4
Herramientas que Utilizan los Ciberespías

En el mundo clandestino del ciberespionaje, los operativos dependen de una amplia variedad de herramientas y tecnologías para llevar a cabo vigilancia, recopilar inteligencia e infiltrarse en redes objetivo. Estas herramientas, que van desde sofisticado malware y utilidades de piratería hasta software de encriptación y canales de comunicación encubiertos, empoderan a los ciberespías para navegar por las complejidades del ciberespacio y lograr sus objetivos de manera discreta y efectiva. En este capítulo, profundizaremos en el arsenal de herramientas que utilizan los ciberespías, explorando sus capacidades, aplicaciones e implicaciones para las operaciones de recopilación de inteligencia y vigilancia.

A medida que el panorama digital continúa evolucionando y las amenazas cibernéticas se vuelven más sofisticadas, comprender las herramientas que utilizan los ciberespías es esencial para identificar, detectar y mitigar actividades de espionaje. Desde herramientas de reconocimiento y explotación hasta utilidades de comunicación y extracción, cada herramienta cumple un propósito específico en el kit de herramientas de ciberespionaje, permitiendo a los operativos llevar a cabo operaciones encubiertas, evadir la detección y mantener la seguridad operativa en el ámbito digital. Al examinar las herramientas que utilizan los ciberespías, podemos obtener valiosas ideas sobre sus tácticas, técnicas y procedimientos, así como sobre la naturaleza en evolución del ciberespionaje en la era moderna.

Malware y Virus

El malware y los virus representan algunas de las armas más potentes en el arsenal de los espías cibernéticos. Estos programas de software malicioso están diseñados para infiltrarse en sistemas informáticos, comprometer datos y permitir el acceso no autorizado a información sensible. En el ámbito del espionaje cibernético, el malware y los virus desempeñan un papel crucial en facilitar la vigilancia, recopilar inteligencia y llevar a cabo operaciones encubiertas contra adversarios. En esta sección, exploraremos en detalle la naturaleza del malware y los virus, sus características, capacidades y las implicaciones para la ciberseguridad en la era digital.

1. **Comprendiendo el Malware:** El malware, abreviatura de software malicioso, se refiere a una amplia categoría de programas de software diseñados específicamente para infiltrar, dañar o comprometer sistemas informáticos, redes o dispositivos. El malware abarca una amplia gama de programas maliciosos, incluidos virus, gusanos, troyanos, ransomware, spyware, adware y rootkits, cada uno con sus propias características y funcionalidades distintas. Por lo general, el malware es desplegado por ciberdelincuentes, hackers o actores patrocinados por el estado con diversos fines maliciosos, incluido robo de datos, fraude financiero, espionaje, sabotaje y extorsión.

2. **Tipos de Malware:**

    - **Virus:** Los virus son programas maliciosos que se adhieren a archivos o programas legítimos y se replican para propagarse a otros sistemas. Una vez activados, los virus pueden ejecutar código malicioso, robar datos, corromper archivos o interrumpir las operaciones del sistema.

- **Gusano:** Los gusanos son programas maliciosos autorreplicantes que se propagan por las redes informáticas aprovechando vulnerabilidades en el software o contraseñas débiles. Los gusanos pueden propagarse rápidamente e infectar grandes cantidades de dispositivos, causando daños o interrupciones generalizadas.

- **Troyanos:** Los troyanos, nombrados así por el legendario caballo griego, se disfrazan como programas o archivos legítimos para engañar a los usuarios y que los descarguen y ejecuten. Una vez instalados, los troyanos pueden realizar diversas acciones maliciosas, como robar información sensible, espiar actividades del usuario o proporcionar acceso remoto a los atacantes.

- **Ransomware:** El ransomware es un tipo de malware que cifra archivos o bloquea sistemas informáticos, haciéndolos inaccesibles para los usuarios. Los atacantes exigen un pago de rescate a cambio de descifrar los archivos o restablecer el acceso al sistema. Los ataques de ransomware pueden tener consecuencias devastadoras para individuos, empresas y organizaciones, causando pérdida de datos, pérdidas financieras y daños a la reputación.

- **Spyware:** El spyware es un tipo de malware diseñado para monitorear y recopilar información sobre las actividades de un usuario, como hábitos de navegación, pulsaciones de teclas e información personal. El spyware puede ser utilizado para espionaje, robo de identidad o publicidad dirigida.

- **Adware:** El adware es un tipo de malware que muestra anuncios no deseados o redirige a los usuarios a sitios web maliciosos. El adware puede ralentizar el rendimiento del sistema, consumir ancho de banda y comprometer la privacidad del usuario al rastrear actividades de navegación.

- **Rootkits:** Los rootkits son programas de malware sigilosos que ocultan su presencia en sistemas infectados al subvertir o desactivar los mecanismos de seguridad. Los rootkits pueden proporcionar a los atacantes acceso privilegiado a los recursos del sistema, lo que les permite ejecutar código malicioso, robar información sensible o mantener un control persistente sobre los sistemas comprometidos.

3. **Distribution and Infection Vectors:**

El malware puede distribuirse a través de varios vectores de infección, incluyendo:

- **Archivos Adjuntos de Correo Electrónico:** Archivos adjuntos de correo electrónico infectados con malware, como archivos ejecutables, documentos o scripts, son un vector de infección común utilizado por los ciberdelincuentes para distribuir malware a usuarios desprevenidos.

- **Enlaces de Phishing:** Correos electrónicos de phishing que contienen enlaces o URL maliciosos pueden llevar a los usuarios a sitios web que alojan malware o kits de exploits diseñados para infectar sus sistemas.

- **Descargas Involuntarias:** Las descargas involuntarias ocurren cuando los usuarios descargan inadvertidamente malware al visitar sitios web comprometidos o maliciosos que explotan vulnerabilidades en sus navegadores web o complementos.

- **Medios Extraíbles:** El malware puede propagarse a través de medios extraíbles, como unidades USB o discos duros externos, cuando los dispositivos infectados se conectan a sistemas vulnerables.

- **Kits de Exploits:** Los kits de exploits son herramientas maliciosas utilizadas para explotar vulnerabilidades en software o sistemas operativos y entregar cargas útiles de malware a usuarios desprevenidos.

4. **Capacidades y Funcionalidad:**

Malware puede poseer una amplia gama de capacidades y funcionalidades, dependiendo del tipo específico y el propósito del programa malicioso. Algunas capacidades comunes del malware incluyen:

- **Acceso Remoto:** El malware puede proporcionar a los atacantes acceso remoto a sistemas comprometidos, lo que les permite ejecutar comandos, extraer datos o instalar malware adicional.

- **Robo de Datos:** El malware puede robar información sensible, como credenciales de inicio de sesión, datos financieros o información personal, de sistemas infectados y transmitirla a servidores remotos controlados por los atacantes.

- **Modificación del Sistema:** El malware puede modificar la configuración del sistema, las entradas del registro o los archivos de configuración para mantener la persistencia, evadir la detección o desactivar los mecanismos de seguridad.

- **Ataques de Denegación de Servicio Distribuido (DDoS):** Algunos tipos de malware, como las botnets, pueden ser utilizados para lanzar ataques DDoS al coordinar grandes cantidades de dispositivos infectados para inundar

servidores o redes objetivo con tráfico malicioso, causando
interrupciones o caídas del servicio.

- **Encriptación y Ransomware:** El malware de ransomware
cifra archivos o bloquea sistemas, haciéndolos inaccesibles
para los usuarios hasta que se realice un pago de rescate a los
atacantes.

5. **Detección y Mitigación:**

Detectar y mitigar las amenazas de malware requiere un enfoque de
ciberseguridad en capas que incluya:

- **Software Antivirus:** El software antivirus puede detectar y
eliminar firmas de malware conocidas de sistemas infectados
mediante el escaneo de archivos, procesos y tráfico de red en
busca de actividad maliciosa.

- **Sistemas de Detección de Intrusiones (IDS):** Las
soluciones de IDS monitorean el tráfico de red en busca de
comportamientos sospechosos o patrones indicativos de
infecciones de malware, intentos de acceso no autorizado u
otras amenazas de seguridad.

- **Firewalls:** Los firewalls pueden bloquear el tráfico
malicioso y prevenir el acceso no autorizado a recursos de
red filtrando el tráfico de red entrante y saliente en función
de reglas de seguridad predefinidas.

- **Actualizaciones y Parches de Seguridad:** Aplicar
regularmente actualizaciones de seguridad y parches a
software, sistemas operativos y firmware puede ayudar a
mitigar vulnerabilidades que podrían ser explotadas por el
malware.

- **Educación y Concienciación del Usuario:** Educar a los
usuarios sobre los riesgos de malware, phishing y otras

amenazas cibernéticas puede ayudar a prevenir infecciones fomentando hábitos de navegación seguros, comportamiento cauteloso en el correo electrónico y adhesión a las mejores prácticas de seguridad.

6. Amenazas Emergentes y Tendencias Futuras:

A medida que la tecnología continúa evolucionando, los autores de malware están constantemente innovando nuevas técnicas y estrategias para evadir la detección, explotar vulnerabilidades e infectar sistemas objetivo. Algunas tendencias emergentes y amenazas futuras en el campo del malware incluyen:

- **Malware Sin Archivos:** Los ataques de malware sin archivos aprovechan técnicas basadas en la memoria para ejecutar código malicioso sin dejar rastros en el disco, lo que los hace difíciles de detectar utilizando soluciones antivirus tradicionales.

- **Malware Polimórfico:** Las variantes de malware polimórfico utilizan técnicas avanzadas de ofuscación para cambiar dinámicamente su código y comportamiento, lo que las hace resistentes a los métodos de detección basados en firmas.

- **Malware para IoT:** El malware dirigido a dispositivos de Internet de las cosas (IoT), como dispositivos domésticos inteligentes, sistemas de control industrial y dispositivos médicos, plantea nuevos desafíos de seguridad debido a la proliferación de dispositivos IoT inseguros y vulnerables conectados a Internet.

- **Malware Potenciado por IA:** Los autores de malware pueden aprovechar técnicas de inteligencia artificial (IA) y aprendizaje automático (ML) para desarrollar variantes de malware más sofisticadas y adaptables capaces de evadir la detección y burlar las defensas de seguridad.

- **Ataques a la Cadena de Suministro:** Los ataques a la cadena de suministro tienen como objetivo a proveedores de software, proveedores o proveedores de servicios de terceros para comprometer sus productos o servicios y distribuir malware a clientes o usuarios desprevenidos.

El malware y los virus representan amenazas formidables para la ciberseguridad en la era digital, capaces de infiltrarse en sistemas, comprometer datos y permitir el acceso no autorizado a información sensible. Comprender la naturaleza del malware, sus métodos de distribución, capacidades y técnicas de detección es esencial para mitigar los riesgos planteados por las amenazas cibernéticas y salvaguardar la integridad, seguridad y privacidad de los sistemas y redes informáticas. Al implementar medidas de seguridad robustas, aumentar la conciencia entre los usuarios y permanecer vigilantes ante las amenazas emergentes, las organizaciones y los individuos pueden defenderse eficazmente contra los ataques de malware y protegerse contra los desafíos en evolución del espionaje cibernético en la era moderna.

Técnicas de hacking

Las técnicas de hacking abarcan un conjunto diverso de habilidades, herramientas y metodologías utilizadas por individuos o grupos para obtener acceso no autorizado a sistemas informáticos, redes o datos. Si bien las técnicas de hacking pueden emplearse con diversos propósitos, incluidas pruebas de seguridad, investigación y hacking ético, a menudo se asocian con actividades maliciosas como el espionaje cibernético, las violaciones de datos y el cibercrimen. En esta sección, exploraremos algunas de las técnicas de hacking más comunes utilizadas por ciberdelincuentes, hackers y actores patrocinados por el estado para comprometer sistemas y explotar vulnerabilidades.

1. **Phishing:** El phishing es una técnica de ingeniería social utilizada para engañar a individuos y hacer que divulguen información confidencial, como credenciales de inicio de sesión, números de tarjetas de crédito o datos personales, al hacerse pasar por una entidad de confianza en comunicaciones electrónicas. Los ataques de phishing suelen involucrar correos electrónicos fraudulentos, mensajes de texto o sitios web que se hacen pasar por organizaciones legítimas, como bancos, plataformas de redes sociales o agencias gubernamentales, y que incitan a los destinatarios a hacer clic en enlaces maliciosos, descargar archivos adjuntos infectados con malware o ingresar su información confidencial en formularios de inicio de sesión falsificados.

2. **Explotación de vulnerabilidades de software:** Las vulnerabilidades de software, como errores de programación, fallas de diseño o configuraciones incorrectas, pueden ser explotadas por los hackers para obtener acceso no autorizado a sistemas o ejecutar código arbitrario. Los tipos comunes de vulnerabilidades de software incluyen desbordamientos de búfer, inyección SQL, scripting entre sitios (XSS) y ejecución remota de código (RCE). Los hackers suelen utilizar herramientas automatizadas, como escáneres de vulnerabilidades o kits de exploits, para identificar y explotar vulnerabilidades conocidas en software, sistemas operativos o aplicaciones web.

3. **Ataques de fuerza bruta:** Los ataques de fuerza bruta implican probar sistemáticamente todas las combinaciones posibles de caracteres hasta que se descubre la contraseña o clave de cifrado correcta. Los ataques de fuerza bruta se utilizan comúnmente para descifrar contraseñas, obtener acceso no

autorizado a cuentas de usuario o descifrar datos cifrados. Los hackers pueden usar software o scripts especializados para automatizar el proceso de ataque de fuerza bruta y aumentar sus posibilidades de éxito, especialmente contra contraseñas débiles o mal elegidas.

4. **Ingeniería social:** Las técnicas de ingeniería social explotan la psicología humana y manipulan a individuos para que realicen acciones o divulguen información confidencial que pueda ser utilizada para comprometer la seguridad. Los ataques de ingeniería social pueden implicar hacerse pasar por personas de confianza o figuras de autoridad, como administradores de TI, compañeros de trabajo o representantes de soporte al cliente, para ganarse la confianza de las víctimas y engañarlas para que revelen información confidencial, otorguen acceso a áreas restringidas o ejecuten acciones maliciosas en su nombre.

5. **Ataques de intermediario (MITM):** Los ataques de intermediario interceptan la comunicación entre dos partes, como un usuario y un sitio web o dos dispositivos que comunican a través de una red, y escuchan o modifican los datos intercambiados entre ellos. Los ataques MITM se pueden utilizar para robar información confidencial, como credenciales de inicio de sesión o datos financieros, secuestrar sesiones, inyectar código malicioso en páginas web o hacerse pasar por sitios web o servicios legítimos para engañar a los usuarios.

6. **Inyección SQL (SQLi):** Los ataques de inyección SQL explotan vulnerabilidades en aplicaciones web que utilizan bases de datos SQL al insertar consultas SQL maliciosas en campos de entrada o parámetros. Los ataques de inyección SQL pueden manipular consultas de bases de datos, extraer información confidencial de bases de datos o ejecutar comandos arbitrarios en el servidor de base de datos subyacente. Los ataques de inyección SQL se utilizan comúnmente para robar credenciales de usuario,

desfigurar sitios web o comprometer datos sensibles almacenados en bases de datos.

7. **Scripting entre sitios (XSS):** Los ataques de scripting entre sitios inyectan scripts maliciosos en páginas web vistas por otros usuarios, como visitantes de un sitio web comprometido o usuarios de una aplicación web vulnerable. Los ataques XSS pueden robar cookies de sesión, secuestrar sesiones de usuario, redirigir usuarios a sitios web maliciosos o desfigurar páginas web. Los hackers pueden utilizar técnicas de XSS reflejado, XSS almacenado o XSS basado en DOM para ejecutar scripts maliciosos en el contexto del navegador de la víctima y aprovechar vulnerabilidades en aplicaciones web.

8. **Ejecución remota de código (RCE):** Las vulnerabilidades de ejecución remota de código permiten a los hackers ejecutar código arbitrario en un sistema o aplicación de destino de forma remota, sin autenticación ni interacción del usuario. Las vulnerabilidades de RCE se encuentran a menudo en servidores web, aplicaciones web o servicios de red que no validan correctamente la entrada o desinfectan los datos proporcionados por el usuario. Los hackers pueden aprovechar las vulnerabilidades de RCE para obtener acceso no autorizado a sistemas, instalar malware o tomar el control de dispositivos comprometidos.

Las técnicas de hacking representan una amenaza significativa para la ciberseguridad, ya que pueden ser utilizadas por actores maliciosos para aprovechar vulnerabilidades, comprometer sistemas y robar información sensible. Comprender la naturaleza de las técnicas de hacking, sus metodologías y los riesgos que representan es esencial para implementar medidas de seguridad efectivas, realizar evaluaciones de seguridad y mitigar los riesgos de los ciberataques. Mantenerse informado sobre las amenazas emergentes, adoptar las mejores prácticas para la ciberseguridad e invertir en controles de seguridad sólidos son formas en que las organizaciones y los individuos pueden defenderse contra las técnicas de hacking y protegerse contra los desafíos en evolución del cibercrimen y la ciberespionaje en la era digital.

Tecnología de Vigilancia

La tecnología de vigilancia abarca una amplia gama de herramientas, técnicas y sistemas utilizados para monitorear, grabar y analizar actividades, comportamientos o comunicaciones de individuos o grupos con diversos propósitos, incluyendo la aplicación de la ley, seguridad, recolección de inteligencia y seguridad pública. Desde cámaras de circuito cerrado de televisión (CCTV) y sistemas de reconocimiento facial hasta imágenes satelitales y herramientas de monitoreo de internet, la tecnología de vigilancia desempeña un papel crítico en la sociedad moderna, dando forma a cómo se recopila, procesa y utiliza la información para fines de monitoreo y control. En esta sección, exploraremos en detalle la naturaleza de la tecnología de vigilancia, sus capacidades, aplicaciones y las implicaciones para la privacidad, libertades civiles y seguridad en la era digital.

1. **Cámaras de Circuito Cerrado de Televisión (CCTV):**

Las cámaras de circuito cerrado de televisión (CCTV) se utilizan ampliamente para la vigilancia por video en espacios públicos, como calles, parques, aeropuertos, estaciones de tren y centros comerciales, así como en propiedades privadas, negocios e instalaciones gubernamentales. Las cámaras CCTV capturan imágenes de video en tiempo real de personas, vehículos y actividades, proporcionando una valiosa conciencia situacional y evidencia forense para la aplicación de la ley, personal de seguridad e investigadores. Los sistemas modernos de CCTV pueden incluir funciones como grabación de video de alta definición, monitoreo remoto, detección de movimiento y capacidades de reconocimiento facial para mejorar su efectividad y funcionalidad.

2. Sistemas de Reconocimiento Facial:

Los sistemas de reconocimiento facial utilizan tecnología biométrica para identificar o verificar individuos basándose en sus rasgos faciales únicos, como el tamaño, la forma y la disposición de los puntos de referencia faciales (por ejemplo, ojos, nariz, boca). Los algoritmos de reconocimiento facial analizan imágenes de video en tiempo real o grabadas para detectar y hacer coincidir rostros con una base de datos de individuos conocidos o listas de vigilancia, lo que permite la identificación y seguimiento en tiempo real de personas de interés. Los sistemas de reconocimiento facial se utilizan en diversas aplicaciones, incluyendo la aplicación de la ley, control de fronteras, seguridad en aeropuertos, control de acceso y vigilancia, pero plantean preocupaciones sobre privacidad, precisión, sesgo y libertades civiles debido a su potencial para la vigilancia masiva y el mal uso.

3. Sistemas de Reconocimiento de Placas de Matrícula (LPR):

Los sistemas de reconocimiento de placas de matrícula (LPR), también conocidos como sistemas de reconocimiento automático de matrículas (ALPR), utilizan tecnología de reconocimiento óptico de caracteres (OCR) para capturar, leer y registrar números de matrícula de vehículos que pasan por un área monitoreada. Los sistemas LPR pueden ser desplegados en cámaras estacionarias montadas en lugares fijos, como cabinas de peaje, estacionamientos o intersecciones de tráfico, o en plataformas móviles, como autos patrulla de la policía o drones de vigilancia, para recolectar datos de vehículos para aplicación de la ley, gestión del tráfico, control de estacionamiento o propósitos de vigilancia. Los sistemas LPR pueden proporcionar alertas en tiempo real para vehículos robados, sospechosos buscados o vehículos de interés, pero también plantean preocupaciones sobre privacidad, retención de datos y vigilancia sin consentimiento.

4. Rastreo GPS y Servicios Basados en la Ubicación:

La tecnología de rastreo GPS utiliza señales satelitales para determinar la ubicación precisa, la velocidad y la dirección de vehículos, objetos o individuos equipados con dispositivos GPS, como teléfonos inteligentes, tabletas o sistemas de navegación vehicular. Los sistemas de rastreo GPS se pueden utilizar para gestión de flotas, seguimiento de activos, navegación personal y servicios basados en la ubicación, pero también plantean preocupaciones sobre privacidad, vigilancia y rastreo sin consentimiento. Las agencias de aplicación de la ley pueden usar dispositivos de rastreo GPS o datos de ubicación de teléfonos celulares para monitorear los movimientos de sospechosos, recopilar evidencia o realizar operaciones de vigilancia, sujetas a restricciones legales y supervisión.

5. Monitoreo de Internet y Comunicaciones:

Las tecnologías de monitoreo de internet y comunicaciones se utilizan para interceptar, capturar y analizar comunicaciones electrónicas, como correos electrónicos, llamadas telefónicas, mensajes de texto o actividad de navegación por internet, para fines de vigilancia, recolección de inteligencia o aplicación de la ley. Las tecnologías de vigilancia pueden incluir herramientas de monitoreo de redes, sniffers de paquetes, dispositivos de escucha o sistemas de interceptación de datos desplegados por agencias gubernamentales, fuerzas del orden o servicios de inteligencia para monitorear redes de comunicaciones, recopilar metadatos o interceptar contenido en tránsito. El monitoreo de internet y comunicaciones plantea preocupaciones sobre privacidad, libertad de expresión y libertades civiles, ya que pueden permitir la vigilancia masiva, la censura o la intrusión injustificada en comunicaciones privadas.

6. Identificación y Autenticación Biométrica:

Las tecnologías de identificación y autenticación biométrica utilizan características fisiológicas o conductuales únicas, como huellas dactilares, patrones irisales, huellas de voz o perfiles de ADN, para verificar la identidad de individuos o otorgar acceso a áreas, dispositivos o sistemas seguros. Los sistemas biométricos pueden incluir escáneres de huellas dactilares, escáneres de iris, sistemas de reconocimiento facial, software de reconocimiento de voz o herramientas de análisis de ADN utilizadas en diversas aplicaciones, incluyendo control de fronteras, control de acceso, autenticación y vigilancia. Las tecnologías biométricas ofrecen ventajas en términos de precisión, conveniencia y seguridad, pero también plantean preocupaciones sobre privacidad, protección de datos y el riesgo de brechas o mal uso de datos biométricos.

7. Imágenes Satelitales y Teledetección:

Las tecnologías de imágenes satelitales y teledetección utilizan sensores y cámaras basados en satélites para capturar imágenes y datos de alta resolución de la superficie de la Tierra, la atmósfera o los océanos para diversas aplicaciones, incluyendo monitoreo ambiental, agricultura, planificación urbana, gestión de desastres y vigilancia. Las imágenes satelitales pueden proporcionar datos en tiempo real o históricos sobre el uso del suelo, la cobertura vegetal, los desastres naturales, el desarrollo de infraestructura o las actividades militares, lo que permite a gobiernos, investigadores y organizaciones analizar tendencias, detectar anomalías y monitorear cambios a lo largo del tiempo. Las imágenes satelitales y la teledetección plantean preocupaciones sobre privacidad, vigilancia y el potencial de vigilancia masiva o capacidades de reconocimiento en manos de gobiernos o agencias de inteligencia.

8. Monitoreo y Análisis de Datos de Redes Sociales:

Las tecnologías de monitoreo y análisis de datos de redes sociales analizan datos públicamente disponibles de plataformas de redes sociales, como Facebook, Twitter, Instagram o LinkedIn, para recopilar información, rastrear tendencias o monitorear el sentimiento público sobre temas, eventos o individuos específicos. Las herramientas de monitoreo de redes sociales pueden utilizar búsquedas de palabras clave, análisis de sentimientos o técnicas de análisis de redes para identificar influencers, detectar amenazas emergentes o rastrear la propagación de desinformación o campañas de propaganda. El monitoreo de redes sociales plantea preocupaciones sobre privacidad, protección de datos y el potencial de vigilancia, censura o manipulación del discurso público por parte de gobiernos, corporaciones o actores políticos. La tecnología de vigilancia juega un papel significativo en la sociedad moderna, dando forma a cómo se recopila, procesa y utiliza la información con fines de monitoreo y control. Si bien la tecnología de vigilancia ofrece beneficios en términos de seguridad, seguridad pública y recolección de inteligencia, también plantea preocupaciones sobre privacidad, libertades civiles y el potencial de abuso o mal uso por parte de gobiernos, corporaciones o actores maliciosos. Equilibrar los beneficios y riesgos de la tecnología de vigilancia requiere una consideración cuidadosa de marcos éticos, legales y regulatorios para salvaguardar los derechos individuales, proteger los datos personales y garantizar la responsabilidad, transparencia y supervisión en el uso de tecnologías de vigilancia en la era digital.

Capítulo 5
Tipos de Espías Cibernéticos

El espionaje cibernético es un campo multifacético y dinámico, con diversos actores operando en diferentes niveles de sofisticación e intención. En este capítulo, profundizamos en el variado panorama de los espías cibernéticos, explorando los diferentes tipos de actores, sus motivaciones, tácticas y el impacto que tienen en la ciberseguridad y la seguridad nacional. Desde actores estatales que llevan a cabo operaciones de inteligencia estratégica hasta organizaciones cibercriminales que buscan ganancias financieras, y desde grupos hacktivistas que promueven agendas políticas o ideológicas hasta amenazas internas que explotan vulnerabilidades internas, el mundo del espionaje cibernético está poblado por una amplia gama de adversarios con características y objetivos distintos. Al comprender los tipos de espías cibernéticos y su modus operandi, las organizaciones y los gobiernos pueden prepararse mejor y mitigar las amenazas planteadas por el espionaje cibernético en la era digital.

Espías Patrocinados por el Estado

Los espías patrocinados por el estado, también conocidos como hackers patrocinados por el estado o amenazas persistentes avanzadas (APTs, por sus siglas en inglés), representan una de las categorías más formidables y sofisticadas de espías cibernéticos que operan en el panorama digital. Estos operativos son patrocinados, dirigidos o apoyados por estados-nación para llevar a cabo operaciones de obtención de inteligencia, vigilancia, sabotaje o ciberataques contra gobiernos extranjeros, organizaciones militares, infraestructuras críticas, corporaciones o individuos. Los espías patrocinados por el estado aprovechan tecnologías avanzadas, tácticas sofisticadas y recursos significativos para lograr sus objetivos estratégicos, que pueden incluir el robo de información sensible, la interrupción de actividades adversarias o el avance de los intereses de seguridad nacional. En esta sección, exploraremos en detalle la naturaleza de los espías patrocinados por el estado, sus motivaciones, tácticas y las implicaciones para la ciberseguridad y la geopolítica en la era moderna.

1. **Motivaciones y Objetivos:**

Los espías patrocinados por el estado están motivados por una variedad de objetivos políticos, económicos, militares o estratégicos determinados por los estados-nación que los patrocinan. Algunas motivaciones comunes para el espionaje patrocinado por el estado incluyen:

- **Seguridad Nacional:** Los espías patrocinados por el estado pueden recopilar inteligencia sobre gobiernos extranjeros, capacidades militares o sistemas de defensa para mejorar la seguridad nacional, evaluar amenazas o informar la toma de decisiones estratégicas por parte de los responsables políticos y líderes militares.

- **Influencia Política:** Los espías patrocinados por el estado pueden llevar a cabo operaciones de influencia, campañas de propaganda o campañas de desinformación para manipular la opinión pública, socavar a adversarios políticos o influir en elecciones en países extranjeros.

- **Espionaje Económico:** Los espías patrocinados por el estado pueden robar propiedad intelectual, secretos comerciales o información patentada de corporaciones extranjeras o instituciones de investigación para obtener ventajas competitivas, promover el crecimiento económico o avanzar en el desarrollo industrial en sus propios países.

- **Guerra Cibernética:** Los espías patrocinados por el estado pueden participar en operaciones de guerra cibernética, como sabotaje, interrupción o destrucción de infraestructura crítica, redes gubernamentales o sistemas militares, para lograr objetivos estratégicos, ejercer influencia o retaliar contra adversarios en tiempos de conflicto.

2. **Tácticas y Técnicas:**

Los espías patrocinados por el estado emplean una amplia gama de tácticas, técnicas y procedimientos (TTP, por sus siglas en inglés) para llevar a cabo operaciones encubiertas de recopilación de inteligencia, infiltrar redes objetivo y evadir la detección por parte de los defensores. Algunas tácticas y técnicas comunes utilizadas por los espías patrocinados por el estado incluyen:

- **Intrusiones Dirigidas:** Los espías patrocinados por el estado llevan a cabo intrusiones dirigidas contra individuos, organizaciones o sistemas específicos de interés utilizando malware sofisticado, correos electrónicos de phishing dirigidos o exploits de día cero para obtener acceso inicial y establecer una presencia persistente en las redes objetivo.

- **Amenazas Persistentes Avanzadas (APTs):** Los espías patrocinados por el estado a menudo operan como amenazas persistentes avanzadas (APTs), empleando métodos de ataque sigilosos, persistentes y sofisticados para mantener acceso a largo plazo a sistemas comprometidos, extraer datos sensibles o llevar a cabo actividades de espionaje sin ser detectados.

- **Ataques a la Cadena de Suministro:** Los espías patrocinados por el estado pueden dirigirse a proveedores, contratistas o proveedores de servicios en la cadena de suministro de organizaciones objetivo para obtener acceso a sus redes, sistemas o datos e infiltrarse en el objetivo principal a través de relaciones de confianza o conexiones de confianza.

- **Ataques al Punto de Agua (Watering Hole):** Los espías patrocinados por el estado pueden comprometer sitios web frecuentados por individuos u organizaciones objetivo e inyectar código malicioso o malware en las páginas web para infectar los dispositivos de los visitantes, robar credenciales o realizar reconocimiento en las redes objetivo.

- **Exploits de Día Cero:** Los espías patrocinados por el estado pueden aprovechar vulnerabilidades previamente desconocidas, conocidas como exploits de día cero, en software, sistemas operativos o infraestructura de red para obtener acceso no autorizado a sistemas, elevar privilegios o ejecutar código arbitrario sin ser detectados.

3. Desafíos de Atribución:

Atribuir ataques cibernéticos u operaciones de espionaje a estados-nación específicos o actores patrocinados por el estado a menudo es desafiante debido al uso de servidores proxy, operaciones de bandera falsa o tácticas de engaño para oscurecer los orígenes de los ataques y confundir a los investigadores. Los espías patrocinados por el estado pueden emplear técnicas como enrutamiento de ataques a través de múltiples países, utilizando infraestructura comprometida o empleando malware con contramedidas incorporadas para ocultar sus identidades y evadir la detección por parte de analistas forenses, equipos de respuesta a incidentes o agencias de inteligencia.

4. Ejemplos Notables:

- **APT28 (Fancy Bear):** APT28, también conocido como Fancy Bear, se cree que es un grupo de ciberespionaje patrocinado por el estado ruso asociado con la agencia de inteligencia militar rusa GRU. APT28 ha sido implicado en una amplia gama de ciberataques, incluido el hackeo de correos electrónicos del Comité Nacional Demócrata (DNC) en 2016, el hackeo de las elecciones presidenciales francesas de 2017 y varias campañas de ciberespionaje dirigidas a gobiernos, organizaciones militares y sectores de infraestructura crítica en todo el mundo.

- **APT29 (Cozy Bear):** APT29, también conocido como Cozy Bear, se cree que es otro grupo de ciberespionaje patrocinado por el estado ruso asociado con el Servicio Federal de Seguridad (FSB) de Rusia. APT29 ha sido vinculado a varios ciberataques, incluido el acceso no autorizado al sistema de correo electrónico del Departamento de Estado de EE. UU. en 2014, el acceso no autorizado al sistema de correo electrónico de la Casa Blanca en 2015 y el acceso no autorizado al sistema de correo electrónico del Comité Nacional Demócrata (DNC) en 2016.

- **APT1 (Comment Crew):** APT1, también conocido como Comment Crew, se cree que es un grupo de ciberespionaje patrocinado por el estado chino asociado con la Unidad 61398 del Ejército Popular de Liberación (PLA). APT1 ha sido implicado en numerosos ciberataques dirigidos a gobiernos, organizaciones militares, contratistas de defensa y empresas de tecnología en todo el mundo, con un enfoque en robar propiedad intelectual, secretos comerciales e información propietaria con fines de espionaje económico.

5. Contramedidas y Mitigación:

Defenderse contra los espías patrocinados por el estado requiere un enfoque integral de ciberseguridad que incluya:

- **Inteligencia de Amenazas:** Las organizaciones deben aprovechar los feeds de inteligencia de amenazas, informes de investigación de ciberseguridad y asociaciones de intercambio de información para mantenerse informadas sobre las amenazas emergentes, las TTP (tácticas, técnicas y procedimientos) y los indicadores de compromiso asociados con grupos de espionaje patrocinados por el estado.

- **Higiene Cibernética:** Las organizaciones deben implementar prácticas básicas de ciberseguridad, como actualizaciones regulares de software, gestión de parches, segmentación de redes, controles de acceso y capacitación de empleados, para reducir la superficie de ataque y mitigar el riesgo de compromiso por parte de espías patrocinados por el estado.

- **Defensa en Profundidad:** Las organizaciones deben desplegar múltiples capas de defensa, incluidos firewalls, sistemas de detección de intrusos (IDS), sistemas de prevención de intrusos (IPS), soluciones de seguridad de endpoint y herramientas de monitoreo de seguridad, para detectar, prevenir y responder a los ciberataques de actores patrocinados por el estado.

- **Respuesta a Incidentes:** Las organizaciones deben desarrollar planes de respuesta a incidentes, libros de jugadas y procedimientos para detectar, contener y mitigar rápidamente los ciberataques de espías patrocinados por el estado, minimizar el daño y restaurar las operaciones normales en caso de una violación de seguridad.

Los espías patrocinados por el estado representan una amenaza significativa y persistente para la ciberseguridad, la seguridad nacional y la estabilidad global, ya que aprovechan tecnologías avanzadas, tácticas sofisticadas y recursos significativos para llevar a cabo operaciones encubiertas de recopilación de inteligencia, campañas de espionaje o ciberataques contra adversarios extranjeros. Defenderse contra los espías patrocinados por el estado requiere un enfoque multifacético que incluya inteligencia de amenazas, higiene cibernética, defensa en profundidad y capacidades de respuesta a incidentes para detectar, prevenir y mitigar los riesgos planteados por el espionaje cibernético patrocinado por el estado en la era digital. Al comprender las motivaciones, tácticas y capacidades de los espías patrocinados por el estado, las organizaciones y los gobiernos pueden estar mejor preparados para responder a los desafíos en evolución de la guerra cibernética y el espionaje en la era moderna.

Hacktivistas

Los hacktivistas representan una categoría única de espías cibernéticos que combinan habilidades de hacking con motivaciones políticas o ideológicas para promover el cambio social, crear conciencia sobre problemas específicos o desafiar injusticias percibidas a través de ataques cibernéticos, defacement de sitios web, filtraciones de datos o activismo en línea. A diferencia de los cibercriminales tradicionales o los espías patrocinados por el estado, los hacktivistas operan de manera independiente o como parte de grupos poco organizados, como colectivos hacktivistas u organizaciones hacktivistas, y a menudo operan bajo seudónimos o identidades anónimas para evadir la detección por parte de las autoridades. En esta sección, exploraremos en detalle la naturaleza del hacktivismo, sus motivaciones, tácticas y las implicaciones para la ciberseguridad, la libertad de expresión y las libertades civiles en la era digital.

1. Motivaciones y objetivos:

Los hacktivistas son motivados por una variedad de causas políticas, sociales o ideológicas, que incluyen:

- **Libertad de Expresión:** Los hacktivistas pueden buscar defender o promover la libertad de expresión, el discurso o la información al dirigirse a gobiernos, corporaciones o instituciones que censuran o restringen el acceso al contenido en línea, suprimen la disidencia o violan los derechos humanos.

- **Justicia Social:** Los hacktivistas pueden abogar por la justicia social, la igualdad o los derechos civiles al exponer la corrupción, la injusticia o los abusos de poder a través de filtraciones de datos, denuncias o protestas digitales destinadas a crear conciencia pública y responsabilizar a los perpetradores.

- **Activismo Ambiental:** Los hacktivistas pueden participar en el activismo ambiental o el ecoterrorismo al dirigirse a empresas u organizaciones involucradas en la destrucción del medio ambiente, la contaminación o prácticas insostenibles a través de ataques cibernéticos, defacement de sitios web o ataques de denegación de servicio distribuido (DDoS).

- **Activismo Político:** Los hacktivistas pueden apoyar movimientos políticos, partidos o causas al interrumpir a los oponentes políticos, filtrar información sensible o defacing de sitios web gubernamentales para expresar disidencia, protestar contra las políticas gubernamentales o desafiar el status quo.

2. **Tácticas y técnicas:**

Los hacktivistas emplean una variedad de tácticas y técnicas para lograr sus objetivos, incluyendo:

- **Defacement de Sitios Web:** Los hacktivistas pueden defacear sitios web modificando o reemplazando el contenido de las páginas web con mensajes políticos, eslóganes o símbolos para crear conciencia sobre temas específicos, promover su causa o avergonzar a sus objetivos.

- **Violaciones de Datos:** Los hacktivistas pueden llevar a cabo violaciones de datos o ataques cibernéticos contra gobiernos, corporaciones o instituciones para robar información sensible, como documentos confidenciales, correos electrónicos o datos de usuarios, y filtrarlo al público o a los medios para exponer irregularidades o responsabilizar a los perpetradores.

- **Ataques de Denegación de Servicio Distribuido (DDoS):** Los hacktivistas pueden lanzar ataques DDoS contra sitios web, servidores o servicios en línea para interrumpir operaciones, volverlos inaccesibles para los usuarios o protestar contra sus actividades inundándolos con grandes volúmenes de tráfico o solicitudes.

- **Campañas en Redes Sociales:** Los hacktivistas pueden utilizar plataformas de redes sociales, como Twitter, Facebook o YouTube, para difundir propaganda, compartir información, coordinar actividades o reclutar seguidores para su causa a través de activismo en línea o protestas digitales.

- **Vandalismo Cibernético:** Los hacktivistas pueden participar en vandalismo cibernético defacing o vandalizando propiedades en línea, como sitios web, cuentas de redes sociales o activos digitales, para expresar disidencia, protestar o desafiar la legitimidad de sus objetivos.

3. **Ejemplos Notables:**

    - **Anonymous:** Anonymous es un colectivo hacktivista descentralizado conocido por sus ataques cibernéticos, defacements de sitios web y campañas de activismo en línea dirigidas a gobiernos, corporaciones e instituciones en todo el mundo. Anonymous ha participado en diversas operaciones, como Operación Payback, Operación Túnez, Operación Egipto y Operación AntiSec, con el objetivo de promover la libertad de expresión, combatir la censura y apoyar causas políticas o sociales.

- **WikiLeaks:** WikiLeaks es una organización sin fines de lucro fundada por Julian Assange que publica documentos clasificados o confidenciales, filtraciones y presentaciones de denunciantes de fuentes anónimas para exponer secretos gubernamentales, corrupción o abusos de derechos humanos. WikiLeaks ha publicado miles de documentos, incluidos cables diplomáticos, registros militares y correos electrónicos corporativos, revelando información sensible sobre gobiernos, agencias de inteligencia y corporaciones en todo el mundo.

- **LulzSec:** LulzSec, abreviatura de Lulz Security, fue un grupo de piratería afiliado a Anonymous conocido por sus ataques cibernéticos de alto perfil, violaciones de datos y defacements de sitios web dirigidos a gobiernos, corporaciones y agencias de aplicación de la ley. LulzSec fue responsable de varios ataques, incluido el ataque a Sony Pictures Entertainment, el pirateo del sitio web de la CIA y la filtración de documentos clasificados de Stratfor.

4. **Consideraciones Legales y Éticas:**

El hacktivismo plantea diversas consideraciones legales y éticas relacionadas con la libertad de expresión, la privacidad, la ciberseguridad y el estado de derecho. Si bien los hacktivistas pueden justificar sus acciones como una forma de desobediencia civil, protesta o resistencia contra injusticias percibidas, sus actividades también pueden violar leyes relacionadas con el acceso no autorizado, el fraude informático, la infracción de propiedad intelectual o el ciberterrorismo, dependiendo de la naturaleza e impacto de sus acciones.

5. Contramedidas y Mitigación:

Defenderse contra el hacktivismo requiere una combinación de controles técnicos, medidas legales e intervenciones sociales para prevenir, detectar y mitigar los riesgos planteados por los ataques hacktivistas. Algunas contramedidas y estrategias de mitigación incluyen:

- **Medidas de Ciberseguridad:** Las organizaciones deben implementar controles sólidos de ciberseguridad, como firewalls, sistemas de detección de intrusiones (IDS), sistemas de prevención de intrusiones (IPS), firewalls de aplicaciones web (WAF) y soluciones de seguridad de endpoints, para protegerse contra los ataques hacktivistas, las filtraciones de datos o el vandalismo de sitios web.

- **Planes de Respuesta a Incidentes:** Las organizaciones deben desarrollar planes de respuesta a incidentes, manuales de procedimientos y protocolos para detectar, contener y responder rápidamente a los ataques hacktivistas, minimizar el daño y restaurar las operaciones normales en caso de una violación de seguridad o una filtración de datos.

- **Recursos Legales:** Las agencias encargadas de hacer cumplir la ley deben investigar los ataques hacktivistas, identificar a los perpetradores y procesar a individuos o grupos responsables de actividades ilegales, como el acceso no autorizado, el robo de datos o el vandalismo cibernético, para hacer cumplir el estado de derecho y disuadir futuros ataques.

- **Diálogo y Compromiso:** Los gobiernos, las corporaciones y las instituciones deben interactuar con los grupos hacktivistas, activistas o denunciantes a través del diálogo, la negociación o la mediación para abordar quejas, resolver conflictos o tratar los problemas subyacentes que impulsan las acciones hacktivistas.

El hacktivismo representa un fenómeno complejo y en constante evolución que difumina las líneas entre el activismo, la protesta y el cibercrimen, ya que los hacktivistas aprovechan habilidades de hacking para promover causas políticas, sociales o ideológicas a través de ataques cibernéticos, filtraciones de datos o activismo en línea. Si bien el hacktivismo plantea problemas importantes relacionados con la libertad de expresión, las libertades civiles y la justicia social, también representa riesgos para la ciberseguridad, la privacidad y el estado de derecho, ya que los ataques hacktivistas pueden interrumpir operaciones, comprometer información sensible o causar daños a la reputación de organizaciones o individuos objetivo. Al comprender las motivaciones, tácticas e implicaciones del hacktivismo, las organizaciones y los gobiernos pueden prepararse mejor para enfrentar y responder a los desafíos planteados por los grupos hacktivistas en la era digital.

Ciberdelincuentes

Los ciberdelincuentes representan una categoría diversa y dinámica de actores maliciosos que participan en una amplia gama de actividades criminales en el ámbito digital, incluyendo el pirateo informático, la distribución de malware, el robo de identidad, el fraude, la extorsión y las estafas en línea. Motivados por la ganancia financiera, el lucro personal o la intención maliciosa, los ciberdelincuentes explotan vulnerabilidades en sistemas informáticos, redes y software para robar información sensible, comprometer cuentas de usuario o interrumpir servicios en línea con fines ilícitos. En esta sección, exploraremos en detalle la naturaleza de los ciberdelincuentes, sus motivaciones, tácticas, técnicas y las implicaciones para la ciberseguridad, la privacidad y la confianza digital en la era moderna.

1. **Motivaciones y objetivos:**

Los ciberdelincuentes están motivados por diversos factores, incluyendo:

- **Lucro financiero:** Muchos ciberdelincuentes son impulsados por la perspectiva de obtener ganancias financieras y buscan beneficiarse de sus actividades ilícitas mediante acciones como ataques de ransomware, fraudes con tarjetas de crédito, estafas bancarias en línea o robo de criptomonedas.

- **Lucro personal:** Algunos ciberdelincuentes participan en el cibercrimen con el objetivo de obtener beneficios personales o enriquecimiento, buscando explotar vulnerabilidades en plataformas en línea, mercados digitales o sitios web de comercio electrónico para vender bienes robados, productos falsificados o servicios ilegales.

- **Intención maliciosa:** Algunos ciberdelincuentes participan en el cibercrimen por intención maliciosa o venganza, buscando causar daño, interrumpir operaciones o dañar la reputación de individuos, organizaciones o instituciones objetivo a través de actividades como hacking, doxing o vandalismo cibernético.

- **Espionaje o sabotaje:** Algunos ciberdelincuentes pueden estar motivados por objetivos de espionaje o sabotaje, buscando robar información sensible, propiedad intelectual o secretos comerciales de empresas rivales, agencias gubernamentales o adversarios extranjeros para obtener una ventaja estratégica o competitiva.

2. **Tácticas y técnicas:**

Los ciberdelincuentes emplean una variedad de tácticas y técnicas para alcanzar sus objetivos, incluyendo:

- **Distribución de malware:** Los ciberdelincuentes utilizan malware, como virus, gusanos, troyanos, ransomware o spyware, para comprometer sistemas informáticos, robar datos o extorsionar dinero a las víctimas mediante la encriptación de sus archivos o el bloqueo de sus dispositivos.

- **Phishing e ingeniería social:** Los ciberdelincuentes utilizan correos electrónicos de phishing, sitios web falsos o técnicas de ingeniería social para engañar a individuos y hacer que revelen información sensible, como credenciales de inicio de sesión, números de tarjetas de crédito o datos personales, para robo de identidad o fraude.

- **Explotación de vulnerabilidades de software:** Los ciberdelincuentes explotan vulnerabilidades en software, sistemas operativos o aplicaciones web para obtener acceso no autorizado a sistemas, ejecutar código malicioso o robar información sensible mediante técnicas como la inyección SQL, desbordamiento de búfer o ejecución remota de código.

- **Ataques de denegación de servicio distribuido (DDoS):** Los ciberdelincuentes lanzan ataques DDoS contra sitios web, servidores o servicios en línea para interrumpir operaciones, hacerlos inaccesibles para los usuarios o extorsionar dinero a las víctimas amenazando con abrumar su infraestructura con grandes volúmenes de tráfico o solicitudes.

- **Cryptojacking:** Los ciberdelincuentes utilizan malware de cryptojacking para secuestrar los recursos informáticos de dispositivos infectados, como computadoras, teléfonos inteligentes o dispositivos IoT, para minar criptomonedas sin el conocimiento o consentimiento de sus propietarios, generando beneficios para los atacantes.

3. **Grupos y Organizaciones de Ciberdelincuentes:**

Los ciberdelincuentes pueden operar de forma individual o como parte de grupos criminales organizados, sindicatos del cibercrimen o mercados clandestinos que se especializan en varios tipos de ciberdelincuencia, incluyendo:

- **Sindicatos del Cibercrimen:** Grupos organizados de ciberdelincuentes, que a menudo operan en múltiples jurisdicciones, y que colaboran para llevar a cabo ataques cibernéticos, distribuir malware, lavar dinero o participar en otras actividades ilícitas con fines de lucro.

- **Operadores de Botnets:** Ciberdelincuentes que controlan redes de computadoras comprometidas, conocidas como botnets, para lanzar ataques DDoS, distribuir correos electrónicos no deseados o robar información sensible de las víctimas mediante técnicas como el keylogging o el robo de credenciales.

- **Foros de Carding:** Foros en línea o mercados donde los ciberdelincuentes compran y venden datos de tarjetas de crédito robadas, información de tarjetas de pago o identidades personales para fines fraudulentos, como realizar compras no autorizadas o cometer robo de identidad.

- **Proveedores de Ransomware-como-Servicio (RaaS):** Organizaciones criminales que ofrecen plataformas de ransomware-como-servicio a otros ciberdelincuentes, permitiéndoles distribuir ransomware a las víctimas y compartir ganancias con el proveedor del servicio a cambio de acceso a la infraestructura de ransomware y servicios de soporte.

4. **Desafíos Legales y Regulatorios:**

El cibercrimen plantea importantes desafíos legales y regulatorios para las agencias de aplicación de la ley, los gobiernos y las organizaciones internacionales, incluyendo:

- **Problemas de Jurisdicción:** El cibercrimen a menudo trasciende las fronteras nacionales, lo que dificulta que las agencias de aplicación de la ley investiguen, procesen o extraigan a los ciberdelincuentes que operan en jurisdicciones con diferentes leyes, regulaciones o capacidades de aplicación.
- **Marcos Legales:** Los marcos legales relacionados con el cibercrimen varían ampliamente entre países y regiones, lo que lleva a inconsistencias en las definiciones, penas y mecanismos de aplicación para los delitos cibernéticos, obstaculizando los esfuerzos de cooperación y coordinación internacional.
- **Informática Forense:** Investigar el cibercrimen requiere habilidades especializadas, herramientas y técnicas para la informática forense, la recopilación de pruebas y la atribución, ya que los ciberdelincuentes pueden utilizar técnicas de encriptación, anonimización o ofuscación para ocultar su identidad y cubrir sus huellas.
- **Cooperación Internacional:** Combatir el cibercrimen requiere cooperación y colaboración internacional entre las agencias de aplicación de la ley, los gobiernos y las partes

interesadas del sector privado para compartir inteligencia de amenazas, intercambiar mejores prácticas y coordinar esfuerzos de respuesta a través de las fronteras.

5. Medidas de Contramedidas y Mitigación:

Defenderse contra el cibercrimen requiere un enfoque multifacético que incluye:

- **Conciencia de Ciberseguridad:** Educar a individuos, organizaciones y empleados sobre las amenazas cibernéticas comunes, estafas de phishing, ataques de malware y las mejores prácticas para la higiene de la ciberseguridad para reducir el riesgo de ser víctimas del cibercrimen.

- **Controles Técnicos:** Implementar controles de ciberseguridad robustos, como firewalls, software antivirus, sistemas de detección de intrusos (IDS), sistemas de prevención de intrusiones (IPS) y soluciones de seguridad de endpoints, para detectar, prevenir y mitigar el impacto de los ciberataques.

- **Respuesta ante Incidentes:** Desarrollar planes de respuesta a incidentes, manuales de procedimientos y procedimientos para detectar, contener y responder rápidamente a los incidentes de ciberseguridad, minimizar el daño y restaurar las operaciones normales en caso de un ciberataque o violación de datos.

- **Cooperación con la Aplicación de la Ley:** Fortalecer la cooperación y coordinación entre las agencias de aplicación de la ley, los gobiernos y las organizaciones internacionales para investigar los delitos cibernéticos, interrumpir las redes de ciberdelincuentes y procesar a los responsables para disuadir futuros ataques.

Los cibercriminales representan una amenaza significativa y en constante evolución para la ciberseguridad, la privacidad y la confianza digital en la era moderna, ya que explotan vulnerabilidades en sistemas informáticos, redes y software para robar información sensible, comprometer cuentas de usuario o interrumpir servicios en línea con fines de lucro financiero, beneficio personal o intenciones maliciosas. Defenderse contra el cibercrimen requiere un enfoque integral que incluya concienciación sobre ciberseguridad, controles técnicos, capacidades de respuesta ante incidentes y cooperación internacional para mitigar los riesgos planteados por los cibercriminales y proteger a individuos, organizaciones y sociedades de los impactos adversos del cibercrimen en la era digital.

Capítulo 6
Trucos que utilizan los espías cibernéticos para engañar a las personas

En la era digital, los espías cibernéticos emplean una variedad de tácticas engañosas para manipular y explotar las vulnerabilidades humanas con fines nefastos. Desde técnicas de ingeniería social hasta manipulación psicológica, los espías cibernéticos utilizan estrategias astutas para engañar a las personas y hacer que revelen información sensible, hagan clic en enlaces maliciosos o descarguen malware. En este capítulo, exploramos los trucos y técnicas que utilizan los espías cibernéticos para engañar a las personas, comprometer su seguridad y alcanzar sus objetivos. Al comprender estas tácticas y estar al tanto de estafas y artimañas comunes, las personas pueden protegerse mejor contra las amenazas cibernéticas y resguardar su información personal y activos digitales en un entorno en línea cada vez más hostil. Este capítulo arroja luz sobre los métodos engañosos empleados por los espías cibernéticos y ofrece orientación práctica sobre cómo reconocer y evitar caer víctima de sus trampas.

Ataques de Phishing

Los ataques de phishing representan una de las formas más prevalentes e insidiosas de cibercrimen, donde los ciberdelincuentes utilizan tácticas engañosas para hacer que las personas revelen información sensible, como credenciales de inicio de sesión, datos financieros o información personal, con fines fraudulentos. Los ataques de phishing generalmente implican el envío de correos electrónicos fraudulentos, mensajes de texto o mensajes instantáneos que parecen provenir de fuentes legítimas, como bancos, plataformas de redes sociales o agencias gubernamentales, en un intento de atraer a los destinatarios a hacer clic en enlaces maliciosos, descargar malware o proporcionar información confidencial. En esta sección, exploraremos en detalle la naturaleza de los ataques de phishing, sus tácticas, técnicas y las implicaciones para la ciberseguridad, la privacidad y la confianza digital en la era moderna.

1. **Comprender los Ataques de Phishing:**

Los ataques de phishing están diseñados para explotar las vulnerabilidades humanas y manipular los disparadores psicológicos para engañar a las personas para que realicen acciones que beneficien a los ciberdelincuentes. Los ataques de phishing a menudo involucran los siguientes elementos:

- **Identidades Falsificadas:** Los correos electrónicos de phishing a menudo imitan la apariencia y el branding de organizaciones legítimas o fuentes de confianza para engañar a los destinatarios haciéndoles creer que la comunicación es genuina.

- **Solicitudes Urgentes:** Los correos electrónicos de phishing a menudo crean un sentido de urgencia o miedo al afirmar que se requiere una acción inmediata para resolver un problema, como una brecha de seguridad, una suspensión de cuenta o una actividad fraudulenta.

- **Tácticas de Ingeniería Social:** Los ataques de phishing se basan en tácticas de ingeniería social para manipular las emociones, la curiosidad o la confianza de los destinatarios para convencerlos de hacer clic en enlaces maliciosos, abrir archivos adjuntos maliciosos o divulgar información confidencial.

- **Cargas Maliciosas:** Los correos electrónicos de phishing pueden contener enlaces o archivos adjuntos maliciosos que, al hacer clic o abrirlos, descargan malware en el dispositivo de la víctima, como ransomware, spyware o keyloggers, para robar información sensible o comprometer la seguridad del sistema.

2. **Tipos de Ataques de Phishing:**

Los ataques de phishing se presentan en varias formas, cada una con sus propias tácticas y objetivos, incluyendo:

- **Phishing por Correo Electrónico:** El phishing por correo electrónico es la forma más común de ataque de phishing, donde los ciberdelincuentes envían correos electrónicos fraudulentos haciéndose pasar por organizaciones legítimas o individuos para engañar a los destinatarios para que hagan clic en enlaces maliciosos, descarguen malware o proporcionen información sensible.

- **Phishing Dirigido:** Los ataques de phishing dirigido se dirigen a individuos u organizaciones específicas con mensajes altamente personalizados y convincentes adaptados a sus intereses, roles o relaciones para aumentar la probabilidad de éxito.

- **Phishing de Alto Perfil:** Los ataques de alto perfil se dirigen a personas de alto perfil, como ejecutivos corporativos, funcionarios gubernamentales o celebridades, con correos electrónicos fraudulentos que se hacen pasar por ejecutivos senior o contactos de confianza para engañar a los destinatarios para que divulguen información sensible o autoricen transacciones fraudulentas.

- **Vishing:** Los ataques de vishing, o phishing de voz, implican que los ciberdelincuentes utilicen llamadas telefónicas o mensajes de voz para suplantar a entidades legítimas, como bancos, agencias gubernamentales o soporte técnico, para engañar a las víctimas para que proporcionen información personal o detalles financieros por teléfono.

- **Smishing:** Los ataques de smishing, o phishing de SMS, involucran a los ciberdelincuentes enviando mensajes de texto fraudulentos a usuarios de teléfonos móviles, que suelen contener enlaces a sitios web maliciosos o instrucciones para llamar a un número de teléfono para verificar información de la cuenta o reclamar un premio.

3. **Implicaciones de los Ataques de Phishing:**

Los ataques de phishing tienen implicaciones significativas para la ciberseguridad, la privacidad y la confianza digital, incluyendo:

- **Brechas de Datos:** Los ataques de phishing pueden resultar en brechas de datos, donde los ciberdelincuentes roban información sensible, como credenciales de inicio de sesión, números de tarjetas de crédito o datos personales, de víctimas desprevenidas, lo que lleva al robo de identidad, el fraude financiero o el daño a la reputación.

- **Pérdidas Financieras:** Los ataques de phishing pueden llevar a pérdidas financieras para individuos y organizaciones a través de transacciones no autorizadas, transferencias bancarias fraudulentas o pagos de rescate a ciberdelincuentes que extorsionan dinero mediante la encriptación de archivos o el bloqueo de dispositivos.

- **Sistemas Comprometidos:** Los ataques de phishing pueden comprometer la seguridad de los sistemas informáticos, redes y dispositivos de individuos y organizaciones al descargar malware en sus dispositivos, lo que permite a los ciberdelincuentes acceder a información sensible, espiar a los usuarios o controlar sus sistemas de forma remota.

- **Daño a la Reputación:** Los ataques de phishing pueden dañar la reputación y credibilidad de las organizaciones atacadas por los ciberdelincuentes, lo que lleva a la pérdida de confianza del cliente, publicidad negativa o repercusiones legales por no proteger la información sensible o prevenir las brechas de datos.

4. **Contramedidas y Mitigación:**

Defenderse contra los ataques de phishing requiere un enfoque multifacético que incluye:

- **Entrenamiento en Conciencia de Seguridad:** Educar a individuos y empleados sobre tácticas de phishing comunes, signos de advertencia y mejores prácticas para identificar y evitar ataques de phishing, como examinar direcciones de correo electrónico, verificar la identidad del remitente y evitar hacer clic en enlaces o archivos adjuntos sospechosos.

- **Filtrado de Correo Electrónico y Autenticación:** Desplegar soluciones de filtrado de correo electrónico y mecanismos de autenticación, como Domain-based Message Authentication, Reporting, and Conformance (DMARC), Sender Policy Framework (SPF) y Domain Keys Identified Mail (DKIM), para detectar y bloquear correos electrónicos de phishing antes de que lleguen a las bandejas de entrada de los destinatarios.

- **Soluciones de Seguridad de Extremo a Extremo:** Implementar soluciones de seguridad de extremo a extremo, como software antivirus, firewalls, sistemas de detección de intrusiones (IDS), sistemas de prevención de intrusiones (IPS) y pasarelas de seguridad de correo electrónico, para detectar y bloquear archivos adjuntos, enlaces o cargas maliciosas entregadas a través de correos electrónicos de phishing.

- **Autenticación de Dos Factores (2FA):** Habilitar la autenticación de dos factores (2FA) o la autenticación multifactor (MFA) en cuentas y servicios en línea para agregar una capa adicional de seguridad y verificación más allá de las contraseñas, reduciendo el riesgo de acceso no autorizado en caso de credenciales comprometidas.

5. Monitoreo Continuo y Respuesta:

Las organizaciones deben monitorear continuamente sus redes, sistemas y dispositivos en busca de signos de ataques de phishing, actividad inusual o acceso no autorizado y responder rápidamente a incidentes sospechosos mediante:

- **Detección de Incidentes:** Implementar herramientas de monitoreo de seguridad, feeds de inteligencia de amenazas y sistemas de detección de intrusiones (IDS) para detectar ataques de phishing, comportamiento sospechoso o indicadores de compromiso (IOCs) en sus redes y sistemas.

- **Respuesta a Incidentes:** Desarrollar planes de respuesta a incidentes, manuales de procedimientos y procedimientos para detectar, contener y responder rápidamente a ataques de phishing, minimizar el daño y restaurar las operaciones normales en caso de brechas de seguridad o violaciones de datos.

- **Análisis Post-Incidente:** Realizar análisis post-incidente, investigaciones forenses o análisis de causa raíz para identificar la fuente, el alcance y el impacto de los ataques de phishing, recopilar evidencia e implementar acciones correctivas para prevenir incidentes futuros.

Los ataques de phishing representan una amenaza significativa y omnipresente para la ciberseguridad, la privacidad y la confianza digital en la era moderna, ya que los ciberdelincuentes continúan explotando las vulnerabilidades humanas y manipulando disparadores psicológicos para engañar a individuos y organizaciones con propósitos fraudulentos. Defenderse contra los ataques de phishing requiere un enfoque proactivo y multicapa que incluya entrenamiento en conciencia de seguridad, filtrado de correos electrónicos, soluciones de seguridad de extremo a extremo, autenticación de dos factores, monitoreo continuo y capacidades de respuesta a incidentes para detectar, prevenir y mitigar los riesgos planteados por los ataques de phishing y proteger a individuos, organizaciones y sociedades de los impactos adversos del cibercrimen en la era digital.

Ingeniería Social

La ingeniería social es una técnica utilizada por los ciberdelincuentes para manipular a individuos y lograr que revelen información confidencial, realicen acciones o proporcionen acceso a sistemas o datos sensibles mediante la manipulación psicológica, el engaño y la influencia del comportamiento humano. A diferencia de los métodos de piratería tradicionales que dependen de la explotación de vulnerabilidades técnicas, la ingeniería social aprovecha el eslabón más débil en la cadena de seguridad: la psicología humana. En esta sección, profundizaremos en las complejidades de la ingeniería social, sus tácticas, técnicas y las implicaciones para la ciberseguridad, la privacidad y la confianza digital en la era moderna.

1. Entendiendo la Ingeniería Social:

La ingeniería social es una forma de manipulación que se aprovecha de las emociones humanas, la confianza y los sesgos cognitivos para engañar a individuos y hacer que revelen información sensible o realicen acciones que beneficien a los ciberdelincuentes. Los ingenieros sociales suelen explotar diversos principios psicológicos, como la autoridad, la urgencia, la escasez y la reciprocidad, para manipular a sus objetivos y evadir las defensas de seguridad. Los ataques de ingeniería social pueden tomar muchas formas, incluyendo:

- **Phishing:** Los ingenieros sociales utilizan correos electrónicos fraudulentos, mensajes de texto o mensajes instantáneos para suplantar entidades de confianza, como bancos, agencias gubernamentales o compañeros de trabajo, y engañar a los destinatarios para que hagan clic en enlaces maliciosos, descarguen malware o revelen información sensible.

- **Pretexting:** Los ingenieros sociales crean pretextos elaborados o escenarios ficticios para ganarse la confianza de sus objetivos, como hacerse pasar por personal de soporte técnico, repartidores o solicitantes de empleo, para engañarlos y hacer que divulguen información personal u otorguen acceso a áreas restringidas.

- **Baiting:** Los ingenieros sociales atraen a sus objetivos con ofertas o recompensas tentadoras, como descargas gratuitas de software, tarjetas de regalo o entradas para conciertos, para incitarlos a hacer clic en enlaces maliciosos, abrir archivos infectados o compartir sus credenciales de inicio de sesión.

- **Suplantación de identidad:** Los ingenieros sociales suplantan a personas de confianza o figuras de autoridad, como ejecutivos, empleados o administradores de TI, para manipular a sus objetivos y hacer que cumplan con sus solicitudes, como transferir fondos, cambiar contraseñas o revelar información sensible.

- **Colado:** Los ingenieros sociales explotan las debilidades de seguridad física al seguir a personas autorizadas a áreas restringidas, como edificios de oficinas o centros de datos, sin la autorización o identificación adecuadas, para obtener acceso no autorizado a información o sistemas sensibles.

2. **Principios Psicológicos:**

Los ataques de ingeniería social aprovechan varios principios psicológicos y sesgos cognitivos para influir en el comportamiento humano y obtener las respuestas deseadas de sus objetivos. Algunos principios psicológicos comunes explotados por los ingenieros sociales incluyen:

- **Reciprocidad:** Los ingenieros sociales ofrecen algo de valor, como un regalo gratuito o una oferta especial, para crear un sentido de obligación en sus objetivos, aumentando la probabilidad de que cumplan con sus solicitudes a cambio.

- **Autoridad:** Los ingenieros sociales se hacen pasar por figuras de autoridad, como supervisores, gerentes o agentes de la ley, para ganarse la confianza y la conformidad de sus objetivos, quienes son más propensos a obedecer órdenes de figuras de autoridad percibidas.

- **Escasez:** Los ingenieros sociales crean un sentido de urgencia o escasez al afirmar que las oportunidades o recompensas son limitadas o están sujetas a plazos, animando a sus objetivos a actuar rápidamente sin evaluar exhaustivamente los riesgos o consecuencias.

- **Familiaridad:** Los ingenieros sociales imitan el lenguaje, el tono y el estilo de comunicación utilizados por los amigos, colegas o conocidos de sus objetivos para crear un sentido de familiaridad y confianza, lo que facilita engañarlos para que cumplan con sus solicitudes.

- **Consistencia:** Los ingenieros sociales explotan la tendencia humana a ser coherentes con compromisos o acciones pasadas al aumentar gradualmente sus solicitudes o manipulaciones con el tiempo, lo que dificulta que sus objetivos se nieguen o retrocedan.

3. **Implicaciones de la Ingeniería Social:**

Social engineering attacks have significant implications for cybersecurity, privacy, and digital trust, including:

- **Brechas de datos**: Los ataques de ingeniería social pueden provocar brechas de datos, donde los ciberdelincuentes roban información sensible, como credenciales de inicio de sesión, datos financieros o información personal, de víctimas desprevenidas, lo que lleva al robo de identidad, fraudes financieros o daños a la reputación.

- **Pérdidas financieras:** Los ataques de ingeniería social pueden resultar en pérdidas financieras para individuos y organizaciones a través de transacciones no autorizadas, transferencias bancarias fraudulentas o pagos de rescate a los ciberdelincuentes que extorsionan dinero mediante el cifrado de archivos o el bloqueo de dispositivos.

- **Daño a la reputación:** Los ataques de ingeniería social pueden dañar la reputación y credibilidad de las organizaciones objetivo de los ciberdelincuentes, lo que lleva a la pérdida de confianza del cliente, publicidad negativa o repercusiones legales por no proteger la información sensible o prevenir las brechas de datos.

- **Erosión de la confianza:** Los ataques de ingeniería social erosionan la confianza y la confianza en las comunicaciones digitales, las interacciones en línea y las transacciones electrónicas, ya que las personas se vuelven más cautelosas con los correos electrónicos fraudulentos, los scams de phishing o las tácticas engañosas utilizadas por los ciberdelincuentes para explotar sus vulnerabilidades.

4. **Contramedidas y mitigación:**

Defenderse contra los ataques de ingeniería social requiere un enfoque multifacético que incluya:

- **Capacitación en concientización de seguridad:** Educar a individuos y empleados sobre las tácticas comunes de ingeniería social, signos de advertencia y mejores prácticas para identificar y evitar ataques de ingeniería social, como verificar la identidad de los remitentes, cuestionar solicitudes y reportar comportamientos sospechosos.

- **Filtrado y autenticación de correos electrónicos:** Implementar soluciones de filtrado de correo electrónico y mecanismos de autenticación, como Domain-based Message Authentication, Reporting, and Conformance (DMARC), Sender Policy Framework (SPF) y DomainKeys Identified Mail (DKIM), para detectar y bloquear correos electrónicos de phishing antes de que lleguen a las bandejas de entrada de los destinatarios.

- **Soluciones de seguridad de endpoints:** Implementar soluciones de seguridad de endpoints, como software antivirus, firewalls, sistemas de detección de intrusiones (IDS), sistemas de prevención de intrusiones (IPS) y puertas de enlace de seguridad de correo electrónico, para detectar y bloquear archivos adjuntos maliciosos, enlaces o cargas útiles entregadas a través de ataques de ingeniería social.

- **Autenticación de dos factores (2FA):** Habilitar la autenticación de dos factores (2FA) o la autenticación de múltiples factores (MFA) en cuentas y servicios en línea para agregar una capa adicional de seguridad y verificación más allá de las contraseñas, reduciendo el riesgo de acceso no autorizado en caso de credenciales comprometidas.

5. **Monitoreo y respuesta continua:**

Las organizaciones deben monitorear continuamente sus redes, sistemas y endpoints en busca de signos de ataques de ingeniería social, actividad inusual o acceso no autorizado y responder rápidamente a incidentes sospechosos mediante:

- **Detección de incidentes:** Implementar herramientas de monitoreo de seguridad, feeds de inteligencia de amenazas y sistemas de detección de intrusiones (IDS) para detectar ataques de ingeniería social, comportamiento sospechoso o indicadores de compromiso (IOC) en sus redes y sistemas.

- **Respuesta a incidentes:** Desarrollar planes de respuesta a incidentes, guías de acción y procedimientos para detectar, contener y responder rápidamente a ataques de ingeniería social, minimizar daños y restaurar las operaciones normales en caso de una violación de seguridad o una brecha de datos.

- **Análisis posterior al incidente:** Realizar análisis posterior al incidente, investigaciones forenses o análisis de causas raíz para identificar el origen, el alcance y el impacto de los ataques de ingeniería social, recopilar evidencia e implementar acciones correctivas para prevenir futuros incidentes.

La ingeniería social representa una amenaza significativa y persistente para la ciberseguridad, la privacidad y la confianza digital en la era moderna, ya que los ciberdelincuentes continúan explotando las vulnerabilidades humanas y manipulando disparadores psicológicos para engañar a individuos y organizaciones con fines fraudulentos. Defenderse contra los ataques de ingeniería social requiere un enfoque proactivo y multifacético que incluya capacitación en conciencia de seguridad, filtrado de correo electrónico, soluciones de seguridad de puntos finales, autenticación de dos factores, monitoreo continuo y capacidades de respuesta ante incidentes para detectar, prevenir y mitigar los riesgos planteados por los ataques de ingeniería social y proteger a individuos, organizaciones y sociedades de los impactos adversos del cibercrimen en la era digital.

Suplantación de identidad y personificación

Suplantación e impersonación son dos tácticas comunes utilizadas por criminales cibernéticos para engañar a individuos y organizaciones con fines maliciosos. Aunque pueden sonar similares, implican métodos y objetivos distintos. En esta sección, profundizaremos en las complejidades de la suplantación e impersonación, sus tácticas, técnicas y las implicaciones para la ciberseguridad, la privacidad y la confianza digital en la era moderna.

1. **Entendiendo el Spoofing:**

El spoofing es una técnica utilizada por criminales cibernéticos para suplantar o hacerse pasar por otra entidad, como una persona, organización o dispositivo, mediante la falsificación de información o la manipulación de comunicaciones digitales. Los ataques de spoofing típicamente involucran los siguientes elementos:

- **Spoofing de Correo Electrónico:** El spoofing de correo electrónico implica falsificar la dirección de correo electrónico del remitente en el encabezado del correo electrónico para que parezca que el mensaje se originó desde una fuente confiable, como una organización o individuo legítimo. Los criminales cibernéticos utilizan el spoofing de correo electrónico para engañar a los destinatarios para que abran archivos adjuntos maliciosos, hagan clic en enlaces de phishing o divulguen información sensible.

- **Spoofing de Dirección IP:** El spoofing de dirección IP implica falsificar la dirección IP de origen en los paquetes de red para ocultar la identidad o ubicación del remitente y evadir la detección por medidas de seguridad de red, como firewalls o sistemas de detección de intrusos (IDS). Los criminales cibernéticos utilizan el spoofing de dirección IP para lanzar ataques de denegación de servicio distribuido (DDoS), evadir controles de acceso u ocultar sus actividades maliciosas.

- **Spoofing de Identificador de Llamadas:** El spoofing de identificador de llamadas implica falsificar la información del identificador de llamadas que se muestra en el teléfono del destinatario para disfrazar la identidad del llamante o hacerse pasar por una entidad de confianza, como un banco, agencia gubernamental o proveedor de soporte técnico. Los criminales cibernéticos utilizan el spoofing de identificador de llamadas para llevar a cabo estafas de vishing (phishing de voz), hacerse pasar por empresas legítimas o engañar a las víctimas para que proporcionen información personal o detalles financieros por teléfono.

- **Spoofing de Sitios Web:** El spoofing de sitios web implica la creación de sitios web falsos o fraudulentos que imitan la apariencia y funcionalidad de sitios web legítimos para engañar a los usuarios para que ingresen información sensible, como credenciales de inicio de sesión, números de tarjetas de crédito o datos personales. Los criminales cibernéticos utilizan el spoofing de sitios web para realizar ataques de phishing, robar credenciales de usuario o distribuir malware a víctimas desprevenidas.

2. **Entendiendo la Impersonación:**

La impersonación es una táctica utilizada por criminales cibernéticos para suplantar o imitar a individuos de confianza, como ejecutivos, empleados o clientes, para engañar a los destinatarios para que cumplan con sus solicitudes o divulguen información sensible. Los ataques de impersonación típicamente involucran los siguientes elementos:

- **Fraude CEO:** El fraude CEO, también conocido como compromiso de correo electrónico empresarial (BEC) o suplantación de ejecutivos, implica que los criminales cibernéticos se hagan pasar por ejecutivos de la empresa, como CEO o CFO, para engañar a los empleados para que inicien transferencias bancarias, realicen pagos fraudulentos o divulguen información sensible. Los ataques de fraude CEO a menudo se dirigen a departamentos de finanzas, personal de cuentas por pagar o personas con acceso a sistemas financieros.

- **Impersonación de Empleados:** La impersonación de empleados implica que los criminales cibernéticos se hagan pasar por empleados o compañeros de trabajo dentro de una organización para obtener acceso no autorizado a información sensible, comprometer sistemas internos o realizar actividades fraudulentas. Los ataques de impersonación de empleados pueden involucrar la creación de cuentas de correo electrónico falsas, perfiles en redes sociales o cuentas de mensajería instantánea para engañar a colegas o colaboradores.

- **Impersonación de Clientes:** La impersonación de clientes implica que los criminales cibernéticos se hagan pasar por clientes, clientes o usuarios de servicios para engañar a empleados o representantes de servicio al cliente para que proporcionen información sensible, restablezcan contraseñas de cuentas o autoricen transacciones no autorizadas. Los ataques de impersonación de clientes pueden dirigirse a centros de llamadas, mesas de ayuda o canales de soporte para explotar vulnerabilidades en los procesos de autenticación de clientes.

3. Implicaciones del Spoofing e Impersonación:

Los ataques de spoofing e impersonación tienen implicaciones significativas para la ciberseguridad, la privacidad y la confianza digital, incluyendo:

- **Brechas de Datos:** Los ataques de spoofing e impersonación pueden provocar brechas de datos, donde los criminales cibernéticos roban información sensible, como credenciales de inicio de sesión, datos financieros o información personal, de víctimas desprevenidas, lo que conduce al robo de identidad, fraude financiero o daño a la reputación.

- **Pérdidas Financieras:** Los ataques de spoofing e impersonación pueden resultar en pérdidas financieras para individuos y organizaciones a través de transacciones no autorizadas, transferencias bancarias fraudulentas o pagos de rescate a criminales cibernéticos que explotan vulnerabilidades en procesos de autenticación o tácticas de ingeniería social.

- **Daño a la Reputación:** Los ataques de spoofing e impersonación pueden dañar la reputación y credibilidad de las organizaciones objetivo de los criminales cibernéticos, lo que lleva a la pérdida de confianza del cliente, publicidad negativa o repercusiones legales por no proteger información sensible o prevenir brechas de datos.

- **Erosión de la Confianza:** Los ataques de spoofing e impersonación erosionan la confianza y la seguridad en las comunicaciones digitales, las interacciones en línea y las transacciones electrónicas, ya que las personas se vuelven más cautelosas con respecto a correos electrónicos fraudulentos, estafas de phishing o tácticas engañosas utilizadas por criminales cibernéticos para explotar sus vulnerabilidades.

4. **Contramedidas y Mitigación:**

Defenderse contra ataques de spoofing e impersonación requiere un enfoque multifacético que incluye:

- **Entrenamiento en Conciencia de Seguridad:** Educar a individuos y empleados sobre las tácticas comunes de spoofing e impersonación, las señales de advertencia y las mejores prácticas para identificar y evitar ataques de ingeniería social, como verificar la identidad de los remitentes, cuestionar las solicitudes y reportar comportamientos sospechosos.

- **Filtrado de Correo Electrónico y Autenticación:** Desplegar soluciones de filtrado de correo electrónico y mecanismos de autenticación, como Domain-based Message Authentication, Reporting, and Conformance (DMARC), Sender Policy Framework (SPF) y DomainKeys Identified Mail (DKIM), para detectar y bloquear correos electrónicos falsificados antes de que lleguen a las bandejas de entrada de los destinatarios.

- **Verificación de Identificación de Llamadas:** Implementar soluciones de verificación de identificación de llamadas o mecanismos de autenticación de llamadas para verificar la autenticidad de las llamadas entrantes y detectar intentos de spoofing de identificación de llamadas antes de responder o interactuar con llamantes desconocidos.

- **Autenticación de Dos Factores (2FA):** Habilitar la autenticación de dos factores (2FA) o autenticación de múltiples factores (MFA) en cuentas y servicios en línea para agregar una capa adicional de seguridad y verificación más allá de las contraseñas, reduciendo el riesgo de acceso no autorizado en caso de credenciales comprometidas.

5. Monitoreo y Respuesta Continua:

Las organizaciones deben monitorear continuamente sus redes, sistemas y puntos finales en busca de signos de ataques de spoofing e impersonación, actividad inusual o acceso no autorizado y responder rápidamente a incidentes sospechosos mediante:

- **Detección de Incidentes:** Implementación de herramientas de monitoreo de seguridad, fuentes de inteligencia de amenazas y sistemas de detección de intrusos (IDS) para detectar ataques de spoofing e impersonación, comportamiento sospechoso o indicadores de compromiso (IOCs) en sus redes y sistemas.

- **Respuesta a Incidentes:** Desarrollo de planes de respuesta a incidentes, guías de juego y procedimientos para detectar, contener y responder rápidamente a ataques de spoofing e impersonación, minimizar el daño y restaurar las operaciones normales en caso de una violación de seguridad o brecha de datos.

- **Análisis Post-Incidente:** Realización de análisis post-incidente, investigaciones forenses o análisis de causa raíz para identificar la fuente, alcance e impacto de los ataques de spoofing e impersonación, recopilar evidencia e implementar acciones correctivas para prevenir futuros incidentes.

El spoofing y la impersonación representan amenazas significativas y persistentes para la ciberseguridad, la privacidad y la confianza digital en la era moderna, ya que los ciberdelincuentes continúan explotando las vulnerabilidades en los procesos de autenticación, las tácticas de ingeniería social y el comportamiento humano para engañar a individuos y organizaciones con propósitos maliciosos. Defenderse contra los ataques de spoofing e impersonación requiere un enfoque proactivo y multifacético que incluya entrenamiento en conciencia de seguridad, filtrado de correo electrónico, mecanismos de autenticación, autenticación de dos factores, monitoreo continuo y capacidades de respuesta a incidentes para detectar, prevenir y mitigar los riesgos planteados por los ataques de spoofing e impersonación y proteger a individuos, organizaciones y sociedades de los impactos adversos del cibercrimen en la era digital.

Capítulo 7
A Quiénes Apuntan los Ciberespías

En el panorama digital, los ciberespías lanzan una red amplia, apuntando a individuos, organizaciones y gobiernos en diversos sectores e industrias. Comprender los perfiles de sus objetivos proporciona información sobre los motivos, métodos e impacto de las actividades de ciberespionaje. En este capítulo, profundizamos en la amplia gama de entidades atacadas por los ciberespías, que van desde agencias gubernamentales de alto perfil hasta individuos desprevenidos, y exploramos las razones detrás de estas decisiones de orientación. Al arrojar luz sobre las características demográficas, vulnerabilidades y motivaciones de los objetivos del ciberespionaje, nuestro objetivo es mejorar la conciencia y la resiliencia contra estas amenazas omnipresentes en la era digital. Este capítulo ilumina la dinámica del objetivo del ciberespionaje, destacando el papel crítico de la vigilancia y la preparación en ciberseguridad para protegerse contra las tácticas en constante evolución de los ciberespías.

Agencias gubernamentales

Las agencias gubernamentales están entre los principales objetivos de los ciberespías debido a sus roles significativos en la seguridad nacional, la gobernanza y la formulación de políticas. Estas entidades poseen vastas cantidades de información sensible, incluidos datos clasificados, informes de inteligencia, comunicaciones diplomáticas y registros de ciudadanos, lo que las convierte en objetivos lucrativos para actividades de ciberespionaje. En esta sección, profundizaremos en los desafíos específicos que enfrentan las agencias gubernamentales para defenderse contra el ciberespionaje, las tácticas utilizadas por los ciberespías para atacarlas y las implicaciones para la seguridad nacional y la confianza pública.

1. **La Importancia de las Agencias Gubernamentales:**

Las agencias gubernamentales desempeñan roles críticos en el mantenimiento de la seguridad nacional, la aplicación de la ley, la seguridad pública y el cumplimiento normativo. Estas entidades son responsables de salvaguardar información sensible, proteger infraestructuras críticas y garantizar el funcionamiento fluido de servicios esenciales. Las agencias gubernamentales manejan una amplia gama de datos, incluyendo información clasificada, informes de inteligencia, comunicaciones diplomáticas y registros de ciudadanos, lo que las convierte en objetivos atractivos para los ciberespías que buscan obtener inteligencia valiosa, interrumpir operaciones o socavar los intereses nacionales.

2. **Desafíos enfrentados por las agencias gubernamentales:**

Las agencias gubernamentales enfrentan numerosos desafíos en la defensa contra el espionaje cibernético, incluyendo:

- **Complejidad de las redes:** Las agencias gubernamentales operan infraestructuras de tecnología de la información complejas que comprenden redes, sistemas y aplicaciones interconectadas, lo que presenta múltiples puntos de entrada y vulnerabilidades para que los atacantes cibernéticos puedan explotar.

- **Limitaciones de recursos:** Las agencias gubernamentales a menudo enfrentan limitaciones de recursos, que incluyen presupuestos limitados, departamentos de TI subdotados y tecnologías obsoletas, lo que dificulta implementar medidas sólidas de ciberseguridad y mantener capacidades efectivas de defensa.

- **Objetivos de alto valor:** Las agencias gubernamentales poseen activos valiosos, incluida información clasificada, propiedad intelectual y datos sensibles, lo que las convierte en objetivos atractivos para actividades de espionaje cibernético por parte de Estados-nación, adversarios extranjeros u organizaciones criminales que buscan obtener una ventaja estratégica o promover sus objetivos geopolíticos.

- **Actores de amenazas sofisticados:** Las agencias gubernamentales son blanco de actores de amenazas sofisticados, que incluyen hackers patrocinados por Estados-nación, grupos de ciberdelincuentes y organizaciones hacktivistas, que emplean tácticas, técnicas y procedimientos (TTP) avanzados para evadir la detección, eludir los controles de seguridad e infiltrarse en redes objetivo sin ser detectados.

- **Cumplimiento normativo:** Las agencias gubernamentales deben cumplir con requisitos normativos estrictos, leyes de privacidad y estándares de ciberseguridad, como la Ley Federal de Gestión de Seguridad de la Información (FISMA) en los Estados Unidos, que exigen la implementación de medidas integrales de ciberseguridad, evaluaciones de riesgos y protocolos de respuesta a incidentes para proteger la información sensible y mitigar los riesgos cibernéticos.

3. Tácticas utilizadas por los ciberespías:

Los ciberespías emplean diversas tácticas para atacar a las agencias gubernamentales, incluyendo:

- **Phishing y Ingeniería Social:** Los ciberespías utilizan correos electrónicos de phishing, campañas de spear phishing y tácticas de ingeniería social para engañar a los empleados gubernamentales y hacer que hagan clic en enlaces maliciosos, abran archivos adjuntos infectados o revelen información sensible, como credenciales de inicio de sesión o códigos de acceso.

- **Malware y Ransomware:** Los ciberespías despliegan malware, ransomware y otro software malicioso para comprometer redes gubernamentales, robar datos sensibles o interrumpir servicios críticos. Estas variantes de malware pueden incluir troyanos de acceso remoto (RAT), registradores de teclas y herramientas de exfiltración de datos diseñadas para recopilar y exfiltrar información clasificada de manera encubierta.

- **Ataques a la Cadena de Suministro:** Los ciberespías atacan a las agencias gubernamentales a través de ataques a la cadena de suministro, donde comprometen a proveedores, contratistas o proveedores de servicios de terceros para obtener acceso no autorizado a redes, sistemas o repositorios de datos gubernamentales. Los ataques a la cadena de suministro representan riesgos significativos para las agencias gubernamentales, ya que a menudo involucran a socios o proveedores de confianza con acceso privilegiado a información sensible.

- **Explotación de Vulnerabilidades Zero-Day:** Los ciberespías explotan vulnerabilidades zero-day en aplicaciones de software, sistemas operativos o protocolos de red para lanzar ataques dirigidos contra agencias gubernamentales. Las exploits zero-day permiten a los atacantes cibernéticos eludir los controles de seguridad, evadir la detección y obtener acceso no autorizado a redes, sistemas o bases de datos gubernamentales antes de que los proveedores puedan lanzar parches o actualizaciones para remediar las vulnerabilidades.

- **Amenazas Internas:** Los ciberespías reclutan a insiders, como empleados descontentos, contratistas o personal de confianza con acceso a información sensible, para robar datos clasificados, filtrar documentos confidenciales o sabotear operaciones gubernamentales desde adentro. Las amenazas internas representan desafíos significativos para las agencias gubernamentales, ya que a menudo involucran a insiders de confianza con privilegios de acceso legítimos, lo que las hace más difíciles de detectar y mitigar.

4. **Implicaciones para la Seguridad Nacional:**

El ciberespionaje dirigido a las agencias gubernamentales tiene profundas implicaciones para la seguridad nacional, incluyendo:

- **Pérdida de Información Sensible:** Los ataques de ciberespionaje dirigidos a las agencias gubernamentales pueden resultar en la pérdida o compromiso de información sensible, incluyendo datos clasificados, informes de inteligencia, comunicaciones diplomáticas y secretos de seguridad nacional, lo que puede socavar los intereses nacionales, comprometer las relaciones diplomáticas o poner en peligro alianzas estratégicas.

- **Disrupción de Operaciones:** Los ataques de ciberespionaje pueden interrumpir las operaciones gubernamentales, la infraestructura crítica y los servicios esenciales, causando interrupciones en la seguridad pública, la aplicación de la ley, la respuesta a emergencias y los esfuerzos de cumplimiento regulatorio. Las interrupciones en los servicios gubernamentales pueden tener consecuencias de largo alcance, afectando a ciudadanos, empresas y la capacidad de las agencias gubernamentales para cumplir efectivamente con sus mandatos.

- **Erosión de la Confianza Pública:** Los ataques de ciberespionaje dirigidos a las agencias gubernamentales erosionan la confianza pública en las instituciones gubernamentales, ya que los ciudadanos se vuelven cada vez más preocupados por la seguridad, integridad y privacidad de su información personal, servicios gubernamentales y procesos democráticos. Las brechas de datos del gobierno pueden erosionar la confianza pública en la capacidad de las agencias gubernamentales para proteger información sensible y mantener la transparencia, la rendición de cuentas y la confiabilidad.

- **Ramificaciones Geopolíticas:** El ciberespionaje dirigido a las agencias gubernamentales puede tener ramificaciones geopolíticas, ya que los estados nacionales participan en la guerra cibernética, la recopilación de inteligencia y las maniobras estratégicas para avanzar en sus objetivos geopolíticos, afirmar influencia en el escenario global o socavar la seguridad y estabilidad de naciones rivales.

5. **Estrategias de Mitigación:**

Para mitigar los riesgos planteados por el ciberespionaje dirigido a las agencias gubernamentales, las organizaciones pueden implementar las siguientes estrategias:

- **Capacitación en Concienciación de Ciberseguridad:** Educar a los empleados gubernamentales sobre los riesgos del ciberespionaje, los ataques de phishing, las tácticas de ingeniería social y otras amenazas comunes, y proporcionar capacitación sobre cómo reconocer, informar y mitigar eficazmente las amenazas cibernéticas.

- **Controles de Ciberseguridad Robustos:** Implementar controles de ciberseguridad robustos, incluyendo segmentación de red, controles de acceso, sistemas de detección de intrusos (IDS), sistemas de prevención de intrusos (IPS), soluciones de seguridad de endpoints y cifrado de datos, para proteger las redes, sistemas y datos gubernamentales de los ataques de ciberespionaje.

- **Monitoreo Continuo e Inteligencia de Amenazas:** Implementar soluciones de monitoreo continuo y feeds de inteligencia de amenazas para detectar, analizar y responder a las actividades de ciberespionaje dirigidas a las agencias gubernamentales en tiempo real. Identificar proactivamente indicadores de compromiso (IOC), comportamiento anómalo y actividades sospechosas para prevenir brechas de datos o acceso no autorizado.

- **Colaboración y Compartir Información:** Fomentar la colaboración y el intercambio de información entre agencias gubernamentales, agencias de aplicación de la ley, agencias de inteligencia y socios del sector privado para intercambiar inteligencia de amenazas, mejores prácticas y estrategias de defensa cibernética para combatir el ciberespionaje de manera efectiva.

Las agencias gubernamentales son objetivos principales para el ciberespionaje debido a sus roles significativos en la seguridad nacional, la gobernanza y la formulación de políticas. Los ciberespías emplean tácticas sofisticadas, como el phishing, el malware, los ataques a la cadena de suministro y las amenazas internas, para dirigirse a las agencias gubernamentales y robar información sensible, interrumpir operaciones o socavar los intereses nacionales. Defenderse contra el ciberespionaje requiere un enfoque multifacético que incluya controles sólidos de ciberseguridad, monitoreo continuo, inteligencia de amenazas, colaboración e intercambio de información para detectar, prevenir y mitigar los riesgos planteados por los ataques de ciberespionaje y proteger la seguridad nacional, la confianza pública y los valores democráticos en la era digital.

Corporaciones

Las corporaciones representan objetivos lucrativos para los espías cibernéticos debido a su vasta riqueza de propiedad intelectual, información patentada, datos financieros y registros de clientes. Estas entidades operan en entornos altamente competitivos, donde mantener una ventaja competitiva y proteger la información sensible son primordiales. En esta sección, exploraremos los desafíos específicos que enfrentan las corporaciones al defenderse contra el espionaje cibernético, las tácticas utilizadas por los espías cibernéticos para atacarlas y las implicaciones para la continuidad del negocio, la reputación y la confianza del cliente.

1. **La Importancia de las Corporaciones:**

Las corporaciones desempeñan un papel vital en la economía global, impulsando la innovación, el crecimiento económico y la creación de empleo. Estas entidades van desde pequeñas startups hasta conglomerados multinacionales, operando en diversos sectores e industrias, como tecnología, finanzas, salud, manufactura y comercio minorista. Las corporaciones poseen activos valiosos, incluida la propiedad intelectual, secretos comerciales, datos financieros y tecnologías patentadas, lo que las convierte en objetivos atractivos para actividades de espionaje cibernético por parte de actores estatales, adversarios extranjeros, grupos cibercriminales y competidores corporativos que buscan obtener una ventaja competitiva, robar información valiosa o interrumpir las operaciones comerciales.

2. **Desafíos que Enfrentan las Corporaciones:**

Las corporaciones enfrentan numerosos desafíos al defenderse contra el espionaje cibernético, que incluyen:

- **Complejidad de los Entornos de TI:** Las corporaciones operan infraestructuras de TI complejas que comprenden redes, sistemas y aplicaciones interconectadas, que abarcan múltiples ubicaciones, subsidiarias y unidades de negocio, lo que presenta numerosos puntos de entrada y vulnerabilidades para que los ciberatacantes las exploten.

- **Protección de la Propiedad Intelectual:** Las corporaciones invierten recursos significativos en investigación y desarrollo (I+D) para desarrollar tecnologías, productos y servicios patentados que les proporcionen una ventaja competitiva en el mercado. Proteger la propiedad intelectual (PI) contra el robo, la infracción o la divulgación no autorizada es una prioridad para las corporaciones, ya que representa una fuente significativa de valor y diferenciación.

- **Limitaciones Presupuestarias de Ciberseguridad:** Las corporaciones a menudo enfrentan limitaciones presupuestarias y restricciones de recursos cuando se trata de ciberseguridad, ya que deben equilibrar los costos de implementar medidas de seguridad robustas con los riesgos potenciales de amenazas cibernéticas y violaciones de datos. Los presupuestos limitados de ciberseguridad pueden provocar lagunas en las defensas de seguridad, capacidades de detección de amenazas inadecuadas o retrasos en la implementación de actualizaciones y parches de seguridad.

- **Riesgos de la Cadena de Suministro:** Las corporaciones dependen de una vasta red de proveedores, contratistas y socios para entregar bienes y servicios, lo que introduce riesgos y dependencias de la cadena de suministro que pueden ser explotados por los espías cibernéticos. Los ataques a la cadena de suministro dirigidos a terceros proveedores o proveedores de servicios pueden resultar en violaciones de datos, interrupciones de la cadena de suministro o acceso no autorizado a redes y sistemas corporativos.

- **Obligaciones de Cumplimiento Regulatorio:** Las corporaciones deben cumplir con una gran cantidad de requisitos regulatorios, estándares de la industria y leyes de protección de datos que rigen la recopilación, almacenamiento, procesamiento y transmisión de información sensible, como el Reglamento General de Protección de Datos (GDPR), el Estándar de Seguridad de Datos de la Industria de Tarjetas de Pago (PCI DSS) y la Ley de Portabilidad y Responsabilidad del Seguro de Salud (HIPAA). El incumplimiento de los requisitos regulatorios puede resultar en multas cuantiosas, responsabilidades legales y daños a la reputación para las corporaciones.

3. **Tácticas Utilizadas por los Espías Cibernéticos:**

Los espías cibernéticos emplean diversas tácticas para atacar a las corporaciones, que incluyen:

- **Phishing y Fraude de Correo Electrónico Empresarial (BEC):** Los espías cibernéticos utilizan correos electrónicos de phishing, campañas de spear phishing y estafas de BEC para engañar a los empleados para que hagan clic en enlaces maliciosos, abran archivos adjuntos infectados o revelen información sensible, como credenciales de inicio de sesión, datos financieros o secretos corporativos. Los ataques de phishing dirigidos a las corporaciones a menudo suplantan a entidades de confianza, como ejecutivos, colegas o socios comerciales, para engañar a los destinatarios y evadir las defensas de seguridad.

- **Malware y Ransomware:** Los espías cibernéticos despliegan malware, ransomware y otro software malicioso para infiltrarse en las redes corporativas, robar información sensible o interrumpir las operaciones comerciales. Variantes de malware, como ransomware, spyware, troyanos y herramientas de acceso remoto (RAT), pueden ser utilizadas para cifrar archivos, filtrar datos o establecer acceso persistente a sistemas corporativos con fines de espionaje.

- **Amenazas Internas:** Los espías cibernéticos reclutan insiders, como empleados descontentos, contratistas o personal de confianza con acceso a información sensible, para robar datos patentados, filtrar documentos confidenciales o sabotear las operaciones corporativas desde adentro. Las amenazas internas representan desafíos significativos para las corporaciones, ya que a menudo implican a personas de confianza con privilegios de acceso legítimos, lo que las hace más difíciles de detectar y mitigar.

- **Ataques a la Cad**ena de Suministro: Los espías cibernéticos atacan a las corporaciones a través de ataques a la cadena de suministro, donde comprometen a proveedores de terceros, contratistas o proveedores de servicios para obtener acceso no autorizado a redes corporativas, sistemas o repositorios de datos. Los ataques a la cadena de suministro representan riesgos significativos para las corporaciones, ya que a menudo implican a socios o proveedores de confianza con acceso privilegiado a información sensible.

4. **Implicaciones para la Continuidad del Negocio y la Reputación:**

El espionaje cibernético dirigido a las corporaciones tiene profundas implicaciones para la continuidad del negocio, la reputación y la confianza del cliente, que incluyen:

- **Interrupción de Operaciones:** Los ataques de espionaje cibernético pueden interrumpir las operaciones corporativas, los procesos comerciales críticos y los servicios esenciales, causando interrupciones en la producción, las cadenas de suministro y la entrega de servicios al cliente. Las interrupciones en las operaciones comerciales pueden resultar en pérdidas financieras, daños a la reputación y pérdida de participación de mercado para las corporaciones, ya que los clientes, socios e inversores pierden confianza en su capacidad para cumplir con obligaciones y satisfacer expectativas.

- **Pérdida de Propiedad Intelectual:** Los ataques de espionaje cibernético pueden resultar en el robo, la pérdida o el compromiso de propiedad intelectual valiosa, secretos comerciales e información patentada, socavando la ventaja competitiva, la posición en el mercado y las capacidades de innovación de las corporaciones. La pérdida de propiedad intelectual puede resultar en pérdidas de ingresos, erosión de la participación de mercado y disminución del valor de la marca para las corporaciones, ya que los competidores obtienen acceso a información confidencial y la aprovechan en su beneficio.

- **Daño a la Reputación:** Los ataques de espionaje cibernético dirigidos a las corporaciones pueden dañar su reputación, credibilidad y confiabilidad a los ojos de los clientes, socios, reguladores y partes interesadas. Las violaciones de datos de clientes, las violaciones de datos o los incidentes de ciberseguridad pueden socavar la confianza del público en la capacidad de las corporaciones para proteger información sensible, garantizar derechos de privacidad y mantener estándares de ciberseguridad, lo que lleva a publicidad negativa, responsabilidades legales y pérdida de clientes.

- **Consecuencias Legales y Regulatorias:** Los ataques de espionaje cibernético dirigidos a las corporaciones pueden tener consecuencias legales y regulatorias, ya que estas pueden enfrentar demandas, investigaciones regulatorias, multas o sanciones por no proteger información sensible, cumplir con las leyes de protección de datos o mitigar eficazmente los riesgos cibernéticos. El no abordar las vulnerabilidades de ciberseguridad, las violaciones de datos o las deficiencias de cumplimiento puede resultar en responsabilidades legales, daños a la reputación y sanciones financieras para las corporaciones.

5. **Estrategias de Mitigación:**

Para mitigar los riesgos planteados por el espionaje cibernético dirigido a las corporaciones, las organizaciones pueden implementar las siguientes estrategias:

- **Marco Integral de Ciberseguridad:** Implementar un marco integral de ciberseguridad, como el Marco de Ciberseguridad del NIST o ISO/IEC 27001, para establecer gobernanza, gestión de riesgos y controles de ciberseguridad que aborden las amenazas y vulnerabilidades específicas que enfrentan las corporaciones.

- **Capacitación y Concienciación de los Empleados:** Proporcionar programas continuos de capacitación y concienciación en ciberseguridad para educar a los empleados sobre los riesgos del espionaje cibernético, los ataques de phishing, las tácticas de ingeniería social y otras amenazas comunes, y promover una cultura de vigilancia y responsabilidad en ciberseguridad en toda la organización.

- **Detección Avanzada de Amenazas:** Implementar capacidades avanzadas de detección y respuesta a amenazas, como sistemas de gestión de información y eventos de seguridad (SIEM), soluciones de detección y respuesta en el endpoint (EDR) y plataformas de inteligencia de amenazas, para detectar, analizar y responder a actividades de espionaje cibernético dirigidas a las corporaciones en tiempo real.

- **Gestión de Riesgos de Terceros:** Implementar programas de gestión de riesgos de terceros para evaluar, monitorear y mitigar los riesgos de ciberseguridad planteados por proveedores, vendedores, contratistas y socios comerciales, y garantizar el cumplimiento de los requisitos de seguridad, obligaciones contractuales y estándares de la industria.

Las corporaciones son objetivos principales para el espionaje cibernético debido a su vasta riqueza de propiedad intelectual, información patentada, datos financieros y registros de clientes. Los espías cibernéticos emplean tácticas sofisticadas, como el phishing, el malware, las amenazas internas y los ataques a la cadena de suministro, para dirigirse a las corporaciones y robar información valiosa, interrumpir las operaciones comerciales o socavar las ventajas competitivas. Defenderse contra el espionaje cibernético requiere un enfoque multifacético que incluya controles sólidos de ciberseguridad, capacitación de empleados, capacidades de detección de amenazas y gestión de riesgos de terceros para detectar, prevenir y mitigar los riesgos planteados por los ataques de espionaje cibernético y salvaguardar la continuidad del negocio, la reputación y la confianza del cliente en la era digital.

Individuos y Privacidad

Los individuos están siendo cada vez más objetivos del espionaje cibernético a medida que los ciberdelincuentes y actores maliciosos buscan explotar la información personal para diversos fines nefastos. En esta sección, exploraremos los desafíos específicos que enfrentan los individuos para defender su privacidad contra el espionaje cibernético, las tácticas utilizadas por los espías cibernéticos para atacarlos y las implicaciones para la seguridad personal, el robo de identidad y la confianza digital.

1. **Importancia de los Individuos y la Privacidad:**

Los individuos son los objetivos más vulnerables del espionaje cibernético debido a su dependencia de las tecnologías digitales para la comunicación, el comercio y la interacción social. La privacidad personal es un derecho humano fundamental, consagrado en diversos marcos legales y principios éticos, que incluyen el derecho a la privacidad, la protección de datos y la autonomía digital. Sin embargo, los individuos enfrentan desafíos significativos para salvaguardar su privacidad contra las actividades de espionaje cibernético, ya que a menudo carecen de la experiencia técnica, los recursos y la conciencia para defenderse contra amenazas cibernéticas sofisticadas y violaciones de la privacidad.

2. **Desafíos que Enfrentan los Individuos:**

Los individuos enfrentan numerosos desafíos al defender su privacidad contra el espionaje cibernético, que incluyen:

- **Falta de Expertise Técnico:** Muchos individuos carecen de la experiencia técnica o conocimientos para protegerse contra amenazas cibernéticas, como ataques de phishing, infecciones de malware y violaciones de datos. Como resultado, pueden caer inadvertidamente víctimas de actividades de espionaje cibernético, exponiendo su información personal a actores maliciosos.

- **Prácticas de Seguridad Inadecuadas:** Los individuos a menudo tienen prácticas de seguridad inadecuadas, como contraseñas débiles, software desactualizado y configuraciones de seguridad insuficientes, lo que los convierte en blancos fáciles para los espías cibernéticos que buscan explotar vulnerabilidades en sus defensas digitales.

- **Tácticas de Ingeniería Social:** Los espías cibernéticos utilizan tácticas de ingeniería social, como correos electrónicos de phishing, sitios web falsos y estafas en redes sociales, para manipular a los individuos para que divulguen información sensible, como credenciales de inicio de sesión, datos financieros o detalles personales. Los ataques de ingeniería social se aprovechan de la psicología humana y las emociones, explotando la confianza, la curiosidad y la urgencia para engañar a víctimas desprevenidas.

- **Preocupaciones sobre la Privacidad de los Datos:** Los individuos están cada vez más preocupados por la privacidad de los datos y la protección de su información personal en la era digital, ya que las violaciones de datos, el robo de identidad y las violaciones de privacidad se vuelven más comunes. Los individuos pueden ser reacios a compartir información personal en línea o participar en actividades digitales debido a preocupaciones sobre la privacidad, lo que lleva a una disminución de la confianza en las plataformas y servicios en línea.

- **Protecciones Legales y Regulatorias:** Los individuos dependen de protecciones legales y regulatorias, como leyes de protección de datos, regulaciones de privacidad y derechos del consumidor, para salvaguardar sus derechos de privacidad y responsabilizar a las organizaciones por violaciones de privacidad. Sin embargo, los mecanismos de cumplimiento pueden ser inadecuados o ineficaces para disuadir las actividades de espionaje cibernético o responsabilizar a los actores maliciosos por violaciones de privacidad.

3. Tácticas Utilizadas por los Espías Cibernéticos:

Los espías cibernéticos emplean diversas tácticas para dirigirse a los individuos e invadir su privacidad, que incluyen:

- **Phishing e Ingeniería Social:** Los espías cibernéticos utilizan correos electrónicos de phishing, sitios web falsos y estafas en redes sociales para engañar a los individuos para que revelen información sensible, como credenciales de inicio de sesión, datos financieros o detalles personales. Los ataques de phishing a menudo se hacen pasar por entidades de confianza, como bancos, agencias gubernamentales o minoristas en línea, para engañar a las víctimas y robar su información personal.

- **Malware y Spyware:** Los espías cibernéticos despliegan malware, spyware y otro software malicioso para infectar los dispositivos de los individuos, como computadoras, teléfonos inteligentes y tabletas, y monitorear sus actividades, robar su información personal o secuestrar sus dispositivos para fines de vigilancia. Las variantes de malware, como los registradores de teclas, los troyanos de acceso remoto (RAT) y el spyware, pueden ser utilizadas para recopilar datos sensibles, registrar pulsaciones de teclas o capturar capturas de pantalla sin el conocimiento de la víctima.

- **Violaciones de Datos y Robo de Identidad:** Los espías cibernéticos apuntan a los individuos a través de violaciones de datos, donde obtienen acceso no autorizado a bases de datos, cuentas en línea o servicios de almacenamiento en la nube que contienen información personal, como nombres, direcciones, números de seguro social o números de tarjetas de crédito. Las violaciones de datos pueden resultar en robo de identidad, fraude financiero o daño a la reputación para los individuos cuya información personal está expuesta o comprometida.

- **Vigilancia y Rastreo en Línea:** Los espías cibernéticos realizan vigilancia y rastreo en línea de las actividades digitales, comunicaciones e interacciones de los individuos para recopilar inteligencia, monitorear su comportamiento o perfilar sus intereses para publicidad dirigida, vigilancia o explotación. Las técnicas de vigilancia en línea pueden implicar cookies de seguimiento, huellas digitales de dispositivos, rastreo de ubicaciones y monitoreo de redes sociales para recopilar datos sin el consentimiento o conocimiento del individuo.

- **Rellenos de Credenciales y Toma de Control de Cuentas:** Los espías cibernéticos utilizan ataques de relleno de credenciales para explotar contraseñas reutilizadas o débiles y obtener acceso no autorizado a las cuentas en línea de los individuos, como correo electrónico, redes sociales o cuentas financieras. La toma de control de cuentas puede llevar a transacciones no autorizadas, violaciones de datos o violaciones de privacidad, ya que los espías cibernéticos se hacen pasar por individuos y explotan sus identidades digitales con fines fraudulentos.

4. **Implicaciones para la Seguridad Personal y la Confianza Digital:**

El espionaje cibernético dirigido a individuos tiene profundas implicaciones para la seguridad personal, la protección de la identidad y la confianza digital, que incluyen:

- **Robo de Identidad y Fraude Financiero:** Los ataques de espionaje cibernético pueden resultar en robo de identidad, fraude financiero y acceso no autorizado a las cuentas financieras, tarjetas de crédito o perfiles en línea de los individuos, lo que lleva a pérdidas financieras, fraude con tarjetas de crédito o daño a la reputación.

- **Violaciones de Privacidad y Exposición de Datos:** Los ataques de espionaje cibernético pueden violar los derechos de privacidad de los individuos y exponer su información personal a acceso no autorizado, vigilancia o explotación por parte de actores maliciosos, lo que lleva a la pérdida de privacidad, la vergüenza o el daño personal.

- **Impacto Psicológico y Angustia Emocional:** Los ataques de espionaje cibernético pueden tener un impacto psicológico en los individuos, causando angustia emocional, ansiedad o paranoia sobre sus actividades en línea, privacidad digital y seguridad personal. Las víctimas de espionaje cibernético pueden experimentar sentimientos de vulnerabilidad, desconfianza o aislamiento como resultado de violaciones de privacidad o intrusiones digitales.

- **Pérdida de Confianza Digital y Confianza:** Los ataques de espionaje cibernético erosionan la confianza digital y la confianza en las plataformas en línea, los servicios y los canales de comunicación, ya que los individuos se vuelven más cautelosos al compartir información personal, participar en actividades en línea o interactuar con entidades desconocidas en línea. La pérdida de confianza digital puede obstaculizar la adopción digital, el crecimiento del comercio electrónico y la conectividad social, ya que los individuos buscan proteger su privacidad y seguridad en la era digital.

5. **Estrategias de Mitigación:**

Para mitigar los riesgos planteados por el espionaje cibernético dirigido a individuos y proteger su privacidad, los individuos pueden implementar las siguientes estrategias:

- **Conciencia y Educación sobre Ciberseguridad:** Mantenerse informado sobre las amenazas cibernéticas comunes, los scams de phishing y los riesgos de privacidad, y educarse sobre las mejores prácticas para proteger su información personal, asegurar sus dispositivos y mantener la privacidad y seguridad digitales.

- **Contraseñas Fuertes y Configuraciones de Seguridad:** Utilizar contraseñas fuertes y únicas para cada cuenta en línea, habilitar la autenticación de dos factores (2FA) cuando esté disponible y actualizar regularmente sus configuraciones de seguridad y preferencias de privacidad para proteger su información personal contra acceso no autorizado o explotación.

- **Vigilancia y Suspición:** Ser cauteloso con los correos electrónicos, mensajes o solicitudes de información personal no solicitados, y verificar la legitimidad de contactos, sitios web o ofertas desconocidas antes de compartir información sensible o participar en transacciones en línea. Confiar en sus instintos y ejercer precaución al interactuar con entidades desconocidas en línea.

- **Herramientas y Tecnologías para Mejorar la Privacidad:** Utilizar herramientas y tecnologías para mejorar la privacidad, como redes privadas virtuales (VPN), bloqueadores de anuncios, aplicaciones de mensajería encriptada y navegadores centrados en la privacidad, para proteger su privacidad en línea, anonimizar su huella digital y prevenir el rastreo o la vigilancia no autorizados.

- **Prácticas de Protección de Datos y Privacidad:** Practicar una buena higiene de datos y prácticas de privacidad minimizando la recopilación, retención y compartición de información personal, revisando regularmente sus configuraciones de privacidad y permisos, y ejerciendo precaución al compartir información sensible en línea o participar en transacciones digitales.

Los individuos se están convirtiendo cada vez más en objetivos del espionaje cibernético, ya que los ciberdelincuentes y actores maliciosos buscan explotar información personal con diversos propósitos nefastos. Defenderse contra el espionaje cibernético requiere que los individuos sean vigilantes, estén informados y sean proactivos sobre la protección de su privacidad, la seguridad de sus dispositivos y el mantenimiento de la confianza digital frente a las amenazas cibernéticas en constante evolución y los riesgos de privacidad. Al implementar las mejores prácticas de ciberseguridad, crear conciencia sobre las amenazas cibernéticas comunes y abogar por protecciones de privacidad más sólidas, los individuos pueden mitigar los riesgos planteados por el espionaje cibernético y proteger su seguridad personal, identidad y autonomía digital en la era digital.

Capítulo 8
¿Cómo recopilan información los espías cibernéticos?

En el intrincado mundo del espionaje cibernético, la recopilación de información es un paso crítico para lograr los objetivos de los actores maliciosos. Ya sea que se trate de actores estatales buscando obtener inteligencia para obtener ventaja política o militar, de ciberdelincuentes que buscan robar datos valiosos para obtener ganancias financieras, o de hacktivistas que buscan exponer injusticias percibidas, los métodos empleados para recopilar información son diversos y siempre evolucionando. En este capítulo, profundizamos en las técnicas y estrategias utilizadas por los espías cibernéticos para recopilar información de sus objetivos. Desde el reconocimiento y la ingeniería social hasta la extracción de datos y la recopilación de inteligencia de fuentes abiertas (OSINT), el arsenal de herramientas y tácticas empleadas por los espías cibernéticos es vasto y sofisticado. Al comprender cómo los espías cibernéticos recopilan información, individuos, organizaciones y gobiernos pueden prepararse mejor para defenderse contra las amenazas de espionaje cibernético y proteger datos y activos sensibles. Este capítulo tiene como objetivo arrojar luz sobre el mundo clandestino de la recopilación de información en el ciberespacio y resaltar la importancia de la vigilancia, la conciencia y las medidas de ciberseguridad para protegerse contra las actividades de espionaje cibernético.

Métodos de Recolección de Datos

Los métodos de recolección de datos son fundamentales para las operaciones de espionaje cibernético, permitiendo a los espías cibernéticos obtener inteligencia valiosa, robar información sensible y alcanzar sus objetivos. En esta sección, exploraremos la amplia gama de métodos utilizados por los espías cibernéticos para recopilar datos de sus objetivos, incluyendo el reconocimiento, la ingeniería social, la extracción de datos y la recopilación de inteligencia de fuentes abiertas (OSINT).

1. **Reconocimiento:**

El reconocimiento es el proceso de recopilar información sobre un objetivo, como su infraestructura de red, sistemas, vulnerabilidades y controles de seguridad, para identificar puntos de entrada potenciales y explotar debilidades. Los espías cibernéticos realizan reconocimientos utilizando diversas técnicas, incluyendo:

- **Escaneo de Redes:** Los espías cibernéticos utilizan herramientas de escaneo de redes, como Nmap o Nessus, para identificar hosts activos, puertos abiertos y servicios en ejecución en las redes objetivo. El escaneo de redes ayuda a los espías cibernéticos a mapear la topología de la red, identificar vulnerabilidades potenciales y determinar los mejores vectores de ataque para la infiltración.

- **Perfilado:** Los espías cibernéticos realizan el perfilado para recopilar información sobre la huella digital de un objetivo, incluyendo nombres de dominio, direcciones IP, direcciones de correo electrónico y nombres de empleados. Las técnicas de perfilado pueden incluir reconocimiento pasivo a través de fuentes públicas, como motores de búsqueda, perfiles en redes sociales y sitios web corporativos, para recopilar información sin alertar al objetivo.

- **Recopilación de OSINT:** La recopilación de inteligencia de fuentes abiertas (OSINT) implica recopilar información de fuentes públicamente disponibles, como artículos de noticias, publicaciones en redes sociales, foros en línea y bases de datos públicas, para obtener inteligencia sobre las actividades, intereses y vulnerabilidades de un objetivo. La recopilación de OSINT proporciona a los espías cibernéticos información valiosa sobre las operaciones, el personal y los activos digitales del objetivo.
- **Ingeniería Social:** Los espías cibernéticos utilizan tácticas de ingeniería social, como el pretexto, el phishing y la suplantación de identidad, para manipular a las personas para que revelen información sensible o concedan acceso no autorizado a sistemas o datos. La ingeniería social explota la psicología humana y la confianza para engañar a los objetivos y extraer inteligencia valiosa.

2. **Ingeniería Social:**

La ingeniería social es una técnica de manipulación psicológica utilizada por los espías cibernéticos para engañar a las personas para que divulguen información confidencial, como contraseñas, credenciales de inicio de sesión o datos financieros. Los espías cibernéticos emplean diversas tácticas de ingeniería social, incluyendo:

- **Phishing:** El phishing implica enviar correos electrónicos, mensajes o sitios web fraudulentos que parecen provenir de fuentes confiables, como bancos, agencias gubernamentales o contactos de confianza, para engañar a las personas para que divulguen información sensible o hagan clic en enlaces maliciosos. Los ataques de phishing a menudo explotan la urgencia, la curiosidad o el miedo para incitar a las víctimas a actuar sin verificar la autenticidad de la comunicación.

- **Pretexto:** El pretexto implica crear un pretexto o escenario falso para manipular a las personas para que divulguen información o realicen acciones que beneficien al atacante. Los espías cibernéticos pueden suplantar a figuras de autoridad, como administradores de TI, representantes de servicio al cliente o agentes de la ley, para ganarse la confianza de sus objetivos y obtener información sensible o privilegios de acceso.

- **Cebado:** El cebado implica tentar a las personas con promesas de recompensas o incentivos, como descargas gratuitas de software, descargas de películas o tarjetas de regalo, para atraerlos a hacer clic en enlaces maliciosos o descargar archivos infectados con malware. El cebado explota la curiosidad y la codicia humanas para engañar a las víctimas para que comprometan su seguridad y privacidad.

- **Quid Pro Quo:** Quid pro quo implica ofrecer algo de valor a cambio de información o ayuda del objetivo. Los espías cibernéticos pueden ofrecer soporte técnico, actualizaciones de software o consejos internos a cambio de credenciales de inicio de sesión, códigos de acceso u otra información sensible de sus objetivos.

3. **Extracción de Datos:**

La extracción de datos es la transferencia no autorizada de datos desde la red o sistemas de un objetivo a una ubicación externa controlada por los espías cibernéticos. Las técnicas de extracción de datos incluyen:

- **Transferencia de Archivos:** Los espías cibernéticos utilizan protocolos de transferencia de archivos, como FTP (Protocolo de Transferencia de Archivos) o HTTP (Protocolo de Transferencia de Hipertexto), para transferir datos robados desde sistemas comprometidos a servidores externos o plataformas de almacenamiento en la nube. La transferencia de archivos permite a los espías cibernéticos extraer grandes volúmenes de datos de manera rápida y eficiente sin levantar sospechas.

- **Canales de Comando y Control (C&C):** Los espías cibernéticos utilizan canales de comando y control (C&C) para establecer canales de comunicación encubiertos con sistemas comprometidos y emitir comandos para extraer datos o controlar dispositivos comprometidos de forma remota. Los canales de C&C pueden utilizar protocolos de comunicación cifrados, como HTTPS o DNS (Sistema de Nombres de Dominio), para evadir la detección y eludir los controles de seguridad.

- **Esteganografía:** La esteganografía implica ocultar datos sensibles dentro de archivos que parecen inocentes, como imágenes, archivos de audio o documentos, para evadir la detección y eludir los controles de seguridad. Los espías cibernéticos utilizan técnicas de esteganografía para incrustar datos robados dentro de archivos multimedia digitales y transferirlos a través de canales públicos sin levantar sospechas.

- **Compresión de Datos:** Los espías cibernéticos utilizan técnicas de compresión de datos para reducir el tamaño de los datos robados antes de la extracción, lo que facilita la transferencia de grandes volúmenes de datos sobre ancho de banda o conexiones de red limitadas. La compresión de datos ayuda a los espías cibernéticos a minimizar el riesgo de detección y maximizar la eficiencia de las operaciones de extracción de datos.

4. **Recopilación de Inteligencia de Fuentes Abiertas (OSINT):**

La recopilación de inteligencia de fuentes abiertas (OSINT) implica recopilar información de fuentes públicamente disponibles, como artículos de noticias, publicaciones en redes sociales, foros en línea y bases de datos públicas, para obtener inteligencia sobre las actividades, intereses y vulnerabilidades de un objetivo. Los espías cibernéticos utilizan técnicas de recopilación de OSINT, incluyendo:

- **Extracción de Datos Web:** La extracción de datos web implica extraer automáticamente datos de sitios web, plataformas de redes sociales o foros en línea utilizando herramientas o scripts especializados. La extracción de datos web permite a los espías cibernéticos recopilar grandes volúmenes de datos de manera rápida y eficiente desde fuentes accesibles al público sin intervención manual.

- **Monitoreo de Redes Sociales:** Los espías cibernéticos monitorean plataformas de redes sociales, como Facebook, Twitter y LinkedIn, para recopilar información sobre las actividades, intereses, conexiones y relaciones de un objetivo. El monitoreo de redes sociales proporciona información valiosa sobre la vida personal y profesional del objetivo, lo que permite a los espías cibernéticos adaptar sus ataques y tácticas de ingeniería social en consecuencia.

- **Búsquedas de Registros Públicos:** Los espías cibernéticos realizan búsquedas de registros públicos, como registros de propiedades, documentos judiciales y presentaciones corporativas, para recopilar información sobre el historial legal, el estado financiero o las afiliaciones comerciales de un objetivo. Las búsquedas de registros públicos proporcionan a los espías cibernéticos inteligencia valiosa para realizar reconocimientos y dirigirse a personas u organizaciones.

- **Monitoreo de la Dark Web:** Los espías cibernéticos monitorean la dark web, una parte oculta de Internet utilizada para actividades ilícitas, para recopilar inteligencia sobre mercados clandestinos, foros de ciberdelincuentes y comunidades de hackers. El monitoreo de la dark web ayuda a los espías cibernéticos a identificar amenazas emergentes, vulnerabilidades y tácticas utilizadas por actores maliciosos para atacar a personas u organizaciones.

Los métodos de recolección de datos son fundamentales para las operaciones de espionaje cibernético, permitiendo a los espías cibernéticos obtener inteligencia valiosa, robar información sensible y alcanzar sus objetivos. El reconocimiento, la ingeniería social, la extracción de datos y la recopilación de inteligencia de fuentes abiertas (OSINT) se encuentran entre la amplia gama de métodos utilizados por los espías cibernéticos para recopilar datos de sus objetivos. Al comprender cómo los espías cibernéticos recopilan información, los individuos, las organizaciones y los gobiernos pueden prepararse mejor para defenderse contra las amenazas de espionaje cibernético y proteger datos y activos sensibles contra el acceso o la explotación no autorizados. La vigilancia, la conciencia y las medidas de ciberseguridad son esenciales para mitigar los riesgos planteados por el espionaje cibernético y protegerse contra violaciones de privacidad, brechas de datos y ataques cibernéticos en la era digital.

Vigilancia Cibernética

La vigilancia cibernética es el monitoreo sistemático, la interceptación y el análisis de comunicaciones digitales, actividades y comportamientos realizados en Internet y otras redes digitales. Implica el uso de diversas tecnologías, herramientas y técnicas para recopilar inteligencia, rastrear el comportamiento en línea y recopilar datos con diversos propósitos, incluida la seguridad

nacional, la aplicación de la ley, la gestión empresarial, el marketing
y el espionaje. La vigilancia cibernética se ha vuelto cada vez más
prevalente en la era digital, impulsada por los avances tecnológicos,
la proliferación de dispositivos digitales y el creciente volumen de
datos generados e intercambiados en línea. En esta sección,
profundizaremos en los diferentes aspectos de la vigilancia
cibernética, sus métodos, implicaciones y controversias.

1. Propósito y alcance de la vigilancia cibernética:

La vigilancia cibernética sirve para varios propósitos, que van desde
el monitoreo de actividades criminales y la protección de la
seguridad nacional hasta intereses comerciales como la publicidad
dirigida y la investigación de mercado. El alcance de la vigilancia
cibernética se extiende a través de varios dominios, incluyendo:

- **Seguridad Nacional:** Las agencias gubernamentales y los
  servicios de inteligencia realizan vigilancia cibernética para
  monitorear amenazas potenciales a la seguridad nacional,
  incluyendo terrorismo, espionaje y ciberataques. Los
  programas de vigilancia buscan detectar y prevenir
  amenazas antes de que se materialicen, recopilando
  inteligencia de comunicaciones digitales, redes sociales y
  actividades en línea.

- **Aplicación de la Ley:** Las agencias de aplicación de la ley
  utilizan la vigilancia cibernética para investigar actividades
  criminales, recopilar evidencia y rastrear a sospechosos
  involucrados en ciberdelitos, como fraude, robo de identidad
  y acoso en línea. Las técnicas de vigilancia incluyen el
  monitoreo de comunicaciones, el seguimiento del
  comportamiento en línea y la interceptación de datos
  digitales.

- **Gestión Corporativa:** Empleadores y organizaciones
  utilizan la vigilancia cibernética para monitorear el uso de

computadoras, actividades en Internet y comunicaciones de los empleados para la gestión de la productividad, el cumplimiento de seguridad y fines regulatorios. Las herramientas de vigilancia pueden rastrear el rendimiento de los empleados, detectar amenazas internas y hacer cumplir políticas de uso aceptable en el lugar de trabajo.

- **Marketing y Publicidad:** Las empresas y los anunciantes utilizan la vigilancia cibernética para recopilar datos sobre el comportamiento, preferencias e intereses del consumidor para publicidad dirigida, campañas de marketing personalizadas y gestión de relaciones con el cliente. Las técnicas de vigilancia incluyen el seguimiento de interacciones en línea, el análisis de hábitos de navegación y la elaboración de perfiles demográficos de usuarios.

2. **Métodos de vigilancia cibernética:**

La vigilancia cibernética emplea varios métodos y técnicas para monitorear, interceptar y recopilar datos digitales. Estos métodos incluyen:

- **Intercepción de Datos:** La vigilancia cibernética implica la interceptación de comunicaciones digitales, como correos electrónicos, mensajes instantáneos y llamadas VoIP, para monitorear contenido, identificar individuos clave y recopilar inteligencia. Las herramientas de vigilancia pueden interceptar paquetes de datos que atraviesan redes, descifrar comunicaciones encriptadas o explotar vulnerabilidades en protocolos de comunicación.

- **Análisis de Tráfico:** Los programas de vigilancia analizan patrones de tráfico de red, metadatos y protocolos de comunicación para identificar tendencias, comportamientos y relaciones entre usuarios y dispositivos. El análisis de tráfico puede revelar información sobre redes de comunicación, conexiones sociales y estructuras organizativas, ayudando en la recopilación de inteligencia y la detección de amenazas.

- **Recopilación de Datos:** La vigilancia cibernética recopila datos de varias fuentes, incluyendo sitios web, plataformas de redes sociales, aplicaciones móviles y dispositivos IoT. Las técnicas de recopilación de datos pueden implicar web scraping, minería de datos y acceso a API para extraer información de plataformas en línea, bases de datos y repositorios digitales.
- **Ingeniería Social:** La vigilancia cibernética utiliza tácticas de ingeniería social, como phishing, pretexting e impersonación, para manipular a individuos y obtener información sensible o acceso no autorizado a sistemas. La ingeniería social explota la psicología humana, la confianza y la ingenuidad para engañar a los objetivos y recopilar inteligencia.
- **Explotación Técnica:** La vigilancia cibernética aprovecha las vulnerabilidades en software, hardware y protocolos de comunicación para obtener acceso no autorizado a sistemas, dispositivos y redes. Las vulnerabilidades pueden dirigirse a vulnerabilidades de software no parcheadas, mecanismos de autenticación débiles o configuraciones de red mal configuradas para infiltrar entornos objetivo.

3. **Implicaciones de la vigilancia cibernética:**

La vigilancia cibernética tiene implicaciones de gran alcance para individuos, organizaciones y sociedades, incluyendo:

- **Preocupaciones de Privacidad:** La vigilancia cibernética plantea preocupaciones significativas sobre la privacidad, ya que implica el monitoreo, seguimiento y análisis de las actividades en línea, comunicaciones y datos personales de individuos sin su consentimiento. Los programas de vigilancia pueden infringir los derechos de privacidad, socavar las libertades civiles y erosionar la confianza en las tecnologías digitales.

- **Riesgos de Seguridad de Datos:** La vigilancia cibernética introduce riesgos de seguridad de datos, ya que las comunicaciones interceptadas, los datos recopilados y las herramientas de vigilancia pueden ser vulnerables al acceso no autorizado, la interceptación o la explotación por parte de actores maliciosos. Las filtraciones de datos, las filtraciones y las divulgaciones no autorizadas representan amenazas para la información sensible y la privacidad personal.

- **Libertades Civiles:** La vigilancia cibernética plantea preguntas sobre las libertades civiles, la libertad de expresión y el derecho a la libertad de expresión, ya que los programas de vigilancia masiva pueden frenar el discurso público, sofocar la disidencia y suprimir el activismo político. Las prácticas de vigilancia pueden infringir los derechos individuales a la privacidad, el debido proceso y la protección contra intrusiones gubernamentales no justificadas.

- **Consideraciones Éticas:** La vigilancia cibernética plantea consideraciones éticas sobre el uso de tecnologías de vigilancia, prácticas de recopilación de datos y el equilibrio entre seguridad y libertades individuales. Pueden surgir dilemas éticos con respecto a la necesidad, proporcionalidad y legitimidad de las actividades de vigilancia en sociedades democráticas.

- **Marcos Legales y Regulatorios:** La vigilancia cibernética opera dentro de marcos legales y regulatorios que rigen el uso de tecnologías de vigilancia, prácticas de recopilación de datos y derechos de privacidad. Las leyes de vigilancia pueden variar según la jurisdicción, requiriendo el cumplimiento de regulaciones de privacidad, requisitos de transparencia y mecanismos de supervisión.

4. **Controversias y Debates:**

La vigilancia cibernética es objeto de controversias y debates en curso, incluyendo:

- **Vigilancia Masiva:** Los programas de vigilancia masiva llevados a cabo por agencias gubernamentales han generado debates sobre el alcance, legalidad y proporcionalidad de las prácticas de vigilancia. Preocupaciones sobre la vigilancia indiscriminada, la recopilación masiva de datos y las escuchas telefónicas sin orden judicial han planteado dudas sobre la efectividad y legitimidad de los programas de vigilancia.

- **Transparencia Gubernamental:** La transparencia y la responsabilidad gubernamental son temas críticos en el debate sobre la vigilancia cibernética, ya que los programas de vigilancia a menudo operan en secreto, sin supervisión pública ni revisión judicial. Las llamadas a una mayor transparencia, divulgación y supervisión de las actividades de vigilancia tienen como objetivo garantizar la responsabilidad y proteger las libertades civiles.

- **Capitalismo de Vigilancia:** El capitalismo de vigilancia se refiere a la mercantilización de datos personales y la monetización de prácticas de vigilancia por parte de empresas tecnológicas y anunciantes. Los críticos argumentan que el capitalismo de vigilancia explota la privacidad del usuario, manipula el comportamiento del consumidor y prioriza el beneficio sobre los derechos individuales, lo que plantea preocupaciones sobre la explotación de datos y la discriminación algorítmica.

- **Derechos y Libertades Digitales:** Los derechos y libertades digitales están en el centro de los debates sobre la vigilancia cibernética, ya que los individuos exigen una mayor protección de la privacidad, la libertad de expresión y la autonomía en línea frente a las amenazas de vigilancia. Los defensores de los derechos digitales abogan por leyes de privacidad más fuertes, protecciones de cifrado y herramientas de empoderamiento del usuario para salvaguardar las libertades individuales en el ciberespacio.

La vigilancia cibernética es un fenómeno complejo y multifacético que abarca el monitoreo, la interceptación y el análisis de comunicaciones y actividades digitales con diversos propósitos. Si bien la vigilancia cibernética desempeña un papel crucial en la seguridad nacional, la aplicación de la ley y la gestión corporativa, también plantea preocupaciones significativas sobre la privacidad, la seguridad de los datos, las libertades civiles y consideraciones éticas. Equilibrar la necesidad de vigilancia con el respeto por los derechos individuales, la transparencia y la rendición de cuentas requiere una cuidadosa consideración de las implicaciones legales, éticas y sociales en el cambiante panorama de la vigilancia digital.

Explotación de Vulnerabilidades

Explotar vulnerabilidades es una táctica fundamental en el ámbito de la ciberseguridad, utilizada tanto por actores defensivos como ofensivos. En esta sección, exploraremos el concepto de explotación de vulnerabilidades en detalle, cubriendo su definición, tipos de vulnerabilidades, métodos de explotación, implicaciones y estrategias para su mitigación.

1. **Entendiendo las Vulnerabilidades:**

Las vulnerabilidades se refieren a debilidades o fallos en el software, hardware, redes o sistemas que pueden ser explotadas por atacantes para comprometer la seguridad, obtener acceso no autorizado o interrumpir operaciones. Las vulnerabilidades pueden surgir de diversas fuentes, incluidos errores de programación, fallas de diseño, configuraciones incorrectas o controles de seguridad inadecuados. Los tipos comunes de vulnerabilidades incluyen:

- **Vulnerabilidades de Software:** Son fallos o errores en aplicaciones de software, sistemas operativos o firmware que pueden ser explotados para ejecutar código arbitrario, escalar privilegios o comprometer la integridad del sistema. Ejemplos incluyen desbordamientos de búfer, inyección SQL, scripting entre sitios (XSS) y vulnerabilidades de ejecución de código remoto (RCE).

- **Vulnerabilidades de Hardware:** Son debilidades en componentes de hardware de computadora, como procesadores, módulos de memoria o periféricos, que pueden ser explotadas para eludir controles de seguridad, extraer información sensible o interferir con las operaciones del sistema. Ejemplos incluyen vulnerabilidades de ejecución especulativa, puertas traseras de hardware y exploits de firmware.

- **Vulnerabilidades de Red:** Son debilidades en la infraestructura de red, protocolos o configuraciones que pueden ser explotadas para interceptar tráfico, realizar ataques de intermediario o comprometer dispositivos de red. Ejemplos incluyen cifrado débil, protocolos inseguros, firewalls mal configurados y routers no parcheados.

- **Vulnerabilidades Humanas:** Son debilidades en el comportamiento humano, conocimiento o conciencia que pueden ser explotadas a través de tácticas de ingeniería social, como phishing, pretexting o suplantación de identidad, para manipular a las personas y obtener información sensible o acciones no autorizadas. Ejemplos incluyen la reutilización de contraseñas, clics descuidados y explotación basada en la confianza.

2. **Métodos de Explotación:**

Explotar vulnerabilidades implica identificar, explotar y aprovechar debilidades en sistemas o entornos objetivo para lograr objetivos específicos. Los métodos de explotación varían según el tipo de vulnerabilidad, las capacidades del atacante y el entorno objetivo, pero las técnicas comunes incluyen:

- **Desarrollo de Exploits:** Implica crear o adaptar exploits de software, scripts o herramientas para aprovechar vulnerabilidades específicas y obtener acceso no autorizado a sistemas o redes. Los exploits pueden dirigirse a vulnerabilidades conocidas, vulnerabilidades de día cero o debilidades no divulgadas previamente en software o hardware.

- **Pruebas de Penetración:** También conocido como hacking ético, involucra simular ataques cibernéticos para identificar y explotar vulnerabilidades en sistemas o redes objetivo antes de que los actores maliciosos puedan hacerlo. Los probadores de penetración utilizan una variedad de herramientas y técnicas, como exploración de vulnerabilidades, escucha de redes y escalada de privilegios, para evaluar la postura de seguridad y recomendar medidas de remediación.

- **Ingeniería Social:** Implica manipular la psicología humana, la confianza y el comportamiento para engañar a las personas y obtener información sensible o acciones no autorizadas. Los ingenieros sociales explotan las

vulnerabilidades humanas, como la curiosidad, el miedo o la
autoridad, para engañar a los objetivos y obtener acceso no
autorizado o información confidencial.

- **Explotación de Día Cero:** Implica explotar
  vulnerabilidades previamente desconocidas, conocidas como
  vulnerabilidades de día cero, para las cuales no hay parches
  o medidas de mitigación disponibles. Los exploits de día cero
  son altamente buscados por los atacantes debido a su
  efectividad y furtividad, ya que evitan la detección y eluden
  los controles de seguridad tradicionales.

3. **Implicaciones de Explotar Vulnerabilidades:**

Explotar vulnerabilidades tiene implicaciones significativas para
individuos, organizaciones y sociedades, incluyendo:

- **Violaciones de Datos:** Puede provocar violaciones de
  datos, donde los atacantes obtienen acceso no autorizado a
  información sensible, como datos personales, registros
  financieros o propiedad intelectual. Las violaciones de datos
  pueden resultar en pérdidas financieras, daño a la reputación
  y responsabilidades legales para las partes afectadas.

- **Ataques Cibernéticos:** Facilita ataques cibernéticos, como
  infecciones de malware, ataques de ransomware o ataques de
  denegación de servicio distribuido (DDoS), que interrumpen
  operaciones, causan tiempo de inactividad y comprometen la
  integridad del sistema. Los ataques cibernéticos pueden
  perturbar la infraestructura crítica, los servicios esenciales y
  representar amenazas para la seguridad nacional.

- **Violaciones de Privacidad:** Puede resultar en violaciones
  de privacidad, ya que los atacantes pueden interceptar
  comunicaciones, espiar conversaciones o monitorear
  actividades en línea sin consentimiento. Las violaciones de

privacidad pueden provocar pérdida de privacidad, intrusión en el espacio personal y exposición de información sensible a partes no autorizadas.

- **Pérdidas Financieras:** Puede provocar pérdidas financieras para individuos, organizaciones y gobiernos, ya que los atacantes pueden robar dinero, extorsionar pagos de rescate o participar en actividades fraudulentas utilizando credenciales o información financiera comprometida. Las pérdidas financieras pueden afectar las operaciones comerciales, interrumpir las cadenas de suministro y socavar la estabilidad económica.

4. **Estrategias de Mitigación:**

Mitigar vulnerabilidades requiere un enfoque multifacético que abarque medidas técnicas, procedimentales y organizativas para identificar, evaluar y remediar debilidades en sistemas, redes y procesos. Las estrategias efectivas de mitigación incluyen:

- **Gestión de Vulnerabilidades:** Implementar programas de gestión de vulnerabilidades para identificar, priorizar y remediar vulnerabilidades en software, hardware y sistemas. La gestión de vulnerabilidades implica exploración de vulnerabilidades, gestión de parches y endurecimiento de la configuración para reducir la superficie de ataque y minimizar el riesgo de explotación.

- **Capacitación en Conciencia de Seguridad:** Proporcionar capacitación en conciencia de seguridad a empleados, contratistas y partes interesadas para aumentar la conciencia sobre amenazas comunes, tácticas de ingeniería social y mejores prácticas para protegerse contra ataques cibernéticos. La capacitación en conciencia de seguridad ayuda a mitigar vulnerabilidades humanas y capacita a las personas para reconocer y denunciar actividades sospechosas.

- **Defensa en Profundidad:** Implementar estrategias de defensa en profundidad para desplegar múltiples capas de controles de seguridad, como firewalls, sistemas de detección de intrusiones (IDS), software antivirus y protección de puntos finales, para detectar, prevenir y mitigar amenazas cibernéticas en diferentes etapas del ciclo de ataque.

- **Actualizaciones y Parches Regulares:** Actualizar regularmente el software, firmware y sistemas para aplicar parches de seguridad, correcciones y actualizaciones publicadas por los proveedores para abordar vulnerabilidades conocidas y mitigar el riesgo de explotación. Los procesos de gestión de parches deben ser automatizados, priorizados y probados para garantizar la remediación oportuna de vulnerabilidades críticas.

- **Compartir Inteligencia de Amenazas:** Compartir inteligencia de amenazas e información sobre amenazas emergentes, técnicas de ataque y vulnerabilidades con socios de confianza, pares de la industria y comunidades de ciberseguridad para mejorar la conciencia situacional, la detección de amenazas y las capacidades de respuesta a incidentes.

Explotar vulnerabilidades es una táctica crítica en ciberseguridad, utilizada por los atacantes para comprometer la seguridad, obtener acceso no autorizado y lograr objetivos maliciosos. Comprender las vulnerabilidades, los métodos de explotación, las implicaciones y las estrategias de mitigación es esencial para que individuos, organizaciones y gobiernos puedan defenderse eficazmente contra las amenazas cibernéticas, proteger la información sensible y resguardar los activos digitales en el cambiante panorama de amenazas del ciberespacio. Al adoptar medidas de seguridad proactivas, implementar mejores prácticas y mantenerse vigilantes ante las amenazas emergentes, los interesados pueden mitigar los riesgos planteados por las vulnerabilidades y fortalecer la resiliencia contra los ataques cibernéticos.

Capítulo 9
Competencia de Naciones en Espionaje Cibernético

En la era digital, el ciberespacio se ha convertido en el nuevo campo de batalla para las naciones que buscan obtener ventajas estratégicas, recopilar inteligencia y afirmar su dominio en el escenario global. Con la creciente dependencia de las tecnologías digitales y las redes interconectadas, el ámbito del espionaje cibernético ha surgido como un dominio clave para que las naciones compitan por la supremacía política, económica y militar. En este capítulo, nos adentramos en el intrincado mundo de las naciones que compiten en el espionaje cibernético, explorando las tácticas, motivaciones e implicaciones de las actividades de espionaje cibernético patrocinadas por estados.

A medida que los gobiernos aprovechan el poder de la tecnología para avanzar en sus intereses y salvaguardar su seguridad nacional, el espionaje cibernético se ha convertido en una amenaza persistente y pervasiva en el panorama internacional. Los estados-nación participan en operaciones de espionaje cibernético para recopilar inteligencia, robar propiedad intelectual, interrumpir las operaciones de los adversarios e influir en los resultados geopolíticos. Desde sofisticados ataques cibernéticos dirigidos a la infraestructura crítica hasta operaciones de vigilancia encubierta dirigidas a gobiernos y corporaciones extranjeras, las naciones emplean una amplia gama de tácticas y técnicas para avanzar en sus agendas en el ciberespacio.

Este capítulo examina la dinámica geopolítica del espionaje cibernético, el papel de los actores patrocinados por el estado y las estrategias en evolución empleadas por las naciones para obtener una ventaja competitiva en el ámbito digital. Al comprender la compleja interacción de intereses, rivalidades y vulnerabilidades en el ciberespacio, los interesados pueden navegar mejor por los desafíos planteados por las amenazas cibernéticas estatales y salvaguardar sus intereses en un mundo cada vez más interconectado.

Potencias Cibernéticas Globales

Las potencias cibernéticas globales representan naciones que ejercen una influencia y poseen capacidades significativas en el ámbito de la ciberseguridad y el espionaje cibernético. Estos países cuentan con una infraestructura tecnológica avanzada, sólidas capacidades cibernéticas e intereses estratégicos que les permiten competir, colaborar y afirmar su dominio en el ciberespacio global. En esta sección, exploraremos en detalle el concepto de potencias cibernéticas globales, examinando a los principales actores, sus capacidades, motivaciones e implicaciones para la seguridad internacional.

1. **Actores Clave en las Potencias Cibernéticas Globales:**

   - **Estados Unidos:** Estados Unidos es ampliamente reconocido como líder global en capacidades cibernéticas, con inversiones extensas en investigación, desarrollo y operaciones de ciberseguridad. El gobierno de EE. UU., el ejército y las agencias de inteligencia mantienen sofisticadas capacidades cibernéticas para fines ofensivos y defensivos, incluyendo espionaje, sabotaje y disuasión. La Agencia de Seguridad Nacional (NSA), el Comando Cibernético (CYBERCOM) y otras agencias desempeñan roles clave en la realización de operaciones cibernéticas, la defensa de la infraestructura crítica y la contrarresta a las amenazas cibernéticas.

- **China:** China ha emergido como una poderosa potencia cibernética, con inversiones significativas en capacidades de guerra cibernética, operaciones cibernéticas ofensivas y actividades de espionaje cibernético. El gobierno chino, el ejército y los hackers patrocinados por el estado participan en operaciones cibernéticas para avanzar en los intereses nacionales, recopilar inteligencia y ejercer influencia en el ciberespacio. El Ejército de Liberación Popular (PLA) y el Ministerio de Seguridad del Estado (MSS) son actores clave en la estrategia cibernética de China, enfocándose en el espionaje económico, el robo de propiedad intelectual y el espionaje geopolítico.

- **Rusia:** Rusia es otro actor importante en las potencias cibernéticas globales, conocido por sus sofisticadas capacidades cibernéticas, operaciones cibernéticas agresivas y uso estratégico de herramientas cibernéticas con fines políticos. El gobierno ruso, el ejército y las agencias de inteligencia llevan a cabo operaciones cibernéticas para socavar a los adversarios, interrumpir los procesos democráticos y afirmar influencia en los asuntos internacionales. El Servicio Federal de Seguridad (FSB), la Dirección Principal de Inteligencia (GRU) y varios grupos de hackers patrocinados por el estado, como Fancy Bear y Cozy Bear, son instrumentales en las actividades cibernéticas de Rusia.

- **Israel:** Israel es un jugador prominente en el panorama cibernético global, conocido por su avanzada industria de ciberseguridad, tecnologías innovadoras y enfoque proactivo hacia la defensa y ofensiva cibernética. El gobierno israelí, el ejército y las agencias de inteligencia invierten fuertemente en investigación, desarrollo y operaciones de ciberseguridad para contrarrestar amenazas de actores hostiles, proteger la infraestructura crítica y mantener la superioridad tecnológica. Las Fuerzas de Defensa de Israel (IDF), el Mossad y la Unidad 8200 son actores clave en la estrategia cibernética de Israel, enfocándose en la recopilación de inteligencia, la guerra cibernética y las operaciones antiterroristas.

- **Reino Unido:** El Reino Unido es un jugador significativo en las potencias cibernéticas globales, con sólidas capacidades en ciberseguridad, recopilación de inteligencia y operaciones cibernéticas ofensivas. El gobierno británico, el ejército y las agencias de inteligencia colaboran estrechamente para defenderse contra amenazas cibernéticas, llevar a cabo espionaje cibernético y apoyar objetivos de seguridad nacional. La Agencia de Comunicaciones del Gobierno (GCHQ), el Ministerio de Defensa (MoD) y el Centro Nacional de Seguridad Cibernética (NCSC) desempeñan roles clave en la defensa cibernética y operaciones de inteligencia del Reino Unido.

2. **Capacidades de las Potencias Cibernéticas Globales:**

Las potencias cibernéticas globales poseen diversas capacidades en ciberseguridad, guerra cibernética y espionaje cibernético, incluyendo:

- **Herramientas Cibernéticas Avanzadas:** Las potencias cibernéticas globales desarrollan y despliegan herramientas cibernéticas avanzadas, malware y exploits para llevar a cabo operaciones cibernéticas ofensivas, infiltrar redes objetivo y recopilar inteligencia. Estas herramientas incluyen cepas de malware sofisticadas, como Stuxnet, Duqu y Flame, así como exploits personalizados que apuntan a vulnerabilidades específicas en software, hardware o redes.

- **Recopilación de Inteligencia Cibernética:** Las potencias cibernéticas globales aprovechan extensas capacidades de inteligencia de señales (SIGINT), técnicas de vigilancia encubierta y operaciones de espionaje cibernético para recopilar inteligencia de adversarios, aliados y objetivos de interés. La inteligencia cibernética abarca la recopilación, análisis y explotación de comunicaciones digitales, datos e información para apoyar objetivos de seguridad nacional, operaciones militares e iniciativas diplomáticas.

- **Operaciones Cibernéticas Estratégicas:** Las potencias cibernéticas globales llevan a cabo operaciones cibernéticas estratégicas para lograr objetivos políticos, militares y económicos en el ciberespacio. Estas operaciones pueden implicar la interrupción de la infraestructura crítica de adversarios, el sabotaje de sistemas militares o la influencia en la opinión pública a través de campañas de propaganda cibernética y desinformación. Las operaciones cibernéticas estratégicas tienen como objetivo dar forma a la dinámica geopolítica, disuadir a los adversarios y proyectar poder nacional en el dominio digital.

- **Capacidades Cibernéticas Defensivas:** Las potencias cibernéticas globales invierten en medidas de ciberseguridad defensiva, esfuerzos de construcción de resiliencia y capacidades de respuesta a incidentes para defenderse contra amenazas cibernéticas, mitigar riesgos y proteger la infraestructura crítica de los ciberataques. Las medidas defensivas incluyen seguridad de red, protección de puntos finales, detección de amenazas y protocolos de respuesta a incidentes para detectar, contener y neutralizar amenazas cibernéticas en tiempo real.

3. **Motivaciones de las Potencias Cibernéticas Globales:**

Las potencias cibernéticas globales están motivadas por diversos factores para desarrollar, mejorar y utilizar capacidades cibernéticas, incluyendo:

- **Seguridad Nacional:** Proteger los intereses de seguridad nacional es una motivación primordial para las potencias cibernéticas globales, ya que las capacidades cibernéticas permiten a los gobiernos defenderse contra amenazas externas, disuadir a los adversarios y mantener la superioridad estratégica en el ciberespacio.

- **Espionaje Económico:** Las potencias cibernéticas globales participan en actividades de espionaje económico para robar propiedad intelectual, información confidencial y secretos comerciales de competidores extranjeros para obtener ventajas económicas, mejorar la competitividad y promover los intereses nacionales.

- **Influencia Geopolítica:** Las capacidades cibernéticas son utilizadas por las potencias cibernéticas globales para ejercer influencia, proyectar poder y avanzar en agendas geopolíticas en la arena internacional. Las operaciones cibernéticas permiten a los gobiernos dar forma a narrativas, manipular la opinión pública e influir en los procesos de toma de decisiones en países objetivo.

- **Superioridad Militar:** Lograr la superioridad militar es un objetivo clave para las potencias cibernéticas globales, ya que las capacidades cibernéticas juegan un papel crítico en la guerra moderna, la recopilación de inteligencia y las operaciones militares. Las operaciones cibernéticas permiten a los gobiernos interrumpir los sistemas militares de los adversarios, sabotear la infraestructura crítica y obtener ventajas tácticas en el campo de batalla.

4. Implicaciones de las Potencias Cibernéticas Globales:

La presencia de potencias cibernéticas globales tiene implicaciones significativas para la seguridad internacional, las relaciones diplomáticas y la economía global, incluyendo:

- **Carrera de Armas Cibernéticas:** La proliferación de capacidades cibernéticas entre las potencias globales ha llevado a una carrera de armas cibernéticas, donde las naciones compiten para desarrollar, adquirir y desplegar herramientas y tecnologías cibernéticas avanzadas para obtener ventajas estratégicas en el ciberespacio.

- **Conflicto Cibernético:** La rivalidad entre las potencias cibernéticas globales ha aumentado la probabilidad de conflictos cibernéticos, donde las naciones participan en operaciones cibernéticas ofensivas, actividades de espionaje y campañas de sabotaje para lograr objetivos políticos, militares o económicos.

- **Riesgos de Escalada:** La escalada de conflictos cibernéticos entre potencias globales conlleva riesgos de consecuencias no deseadas, incluyendo represalias, escalada y daños no intencionados a la infraestructura crítica, poblaciones civiles y estabilidad internacional.

- **Tensiones Diplomáticas:** Los incidentes cibernéticos que involucran a potencias cibernéticas globales pueden tensar las relaciones diplomáticas, provocar tensiones internacionales y socavar la confianza entre las naciones, lo que lleva a crisis diplomáticas, sanciones y medidas de represalia.

- **Impactos Económicos:** Las actividades de espionaje cibernético llevadas a cabo por potencias cibernéticas globales pueden tener impactos económicos significativos, incluyendo la pérdida de propiedad intelectual, la interrupción de cadenas de suministro y el daño a empresas e industrias objetivo de ciberataques.

Las potencias cibernéticas globales representan naciones con influencia significativa, capacidades e intereses en el ámbito de la ciberseguridad y el espionaje cibernético. Estos países aprovechan tecnologías avanzadas, asociaciones estratégicas y operaciones encubiertas para competir, colaborar y afirmar su dominio en el ciberespacio global. Comprender las motivaciones, capacidades e implicaciones de las potencias cibernéticas globales es esencial para abordar las amenazas cibernéticas, promover la cooperación internacional y salvaguardar la seguridad y estabilidad del ciberespacio en un mundo cada vez más interconectado.

Carrera Armamentista Cibernética

La carrera armamentista cibernética se refiere a la competencia continua entre naciones, organizaciones e individuos para desarrollar, adquirir y desplegar capacidades cibernéticas avanzadas con propósitos ofensivos y defensivos. En esta sección, profundizaremos en el concepto de la carrera armamentista cibernética, explorando sus orígenes, principales actores, tácticas, implicaciones y estrategias para gestionar y mitigar los riesgos asociados con la guerra cibernética y el conflicto cibernético.

1. **Orígenes de la Carrera Armamentista Cibernética:**

Los orígenes de la carrera armamentista cibernética se remontan a los primeros días de internet y al surgimiento de la ciberguerra como un nuevo ámbito de conflicto. A medida que las naciones reconocían la importancia estratégica del ciberespacio para la seguridad nacional, la competitividad económica y la influencia geopolítica, comenzaron a invertir en capacidades cibernéticas para obtener una ventaja competitiva en el dominio digital. La proliferación de ataques cibernéticos, actividades de espionaje y operaciones cibernéticas disruptivas alimentó la escalada de la carrera armamentista cibernética, ya que los gobiernos buscaban desarrollar capacidades cibernéticas ofensivas para contrarrestar las amenazas emergentes y defenderse de los ciberataques de los adversarios.

2. **Actores Clave en la Carrera Armamentista Cibernética:**

- **Estados-Nación:** Los estados-nación son actores principales en la carrera armamentista cibernética, invirtiendo recursos significativos en capacidades de ciberguerra, operaciones cibernéticas ofensivas y actividades de espionaje cibernético para avanzar en los intereses de seguridad nacional, proteger la infraestructura crítica y proyectar poder en el ciberespacio. Potencias cibernéticas líderes, como Estados Unidos, China, Rusia, Israel y el Reino Unido, mantienen formidables capacidades cibernéticas y llevan a cabo operaciones cibernéticas sofisticadas para lograr objetivos políticos, militares y económicos.

- **Actores Patrocinados por el Estado:** Los actores patrocinados por el estado, incluidas agencias gubernamentales, servicios de inteligencia y unidades militares, desempeñan un papel central en la carrera armamentista cibernética, llevando a cabo espionaje cibernético, sabotaje y campañas de interrupción en nombre de sus respectivos gobiernos. Estos actores aprovechan herramientas cibernéticas avanzadas, técnicas e infraestructura para recopilar inteligencia, infiltrar redes objetivo y ejecutar operaciones cibernéticas encubiertas contra adversarios.

- **Grupos Cibercriminales:** Los grupos cibercriminales también contribuyen a la carrera armamentista cibernética desarrollando y desplegando armas cibernéticas, malware y exploits con fines de lucro financiero, motivos políticos o ideológicos. Estos grupos llevan a cabo ataques cibernéticos, campañas de ransomware y brechas de datos para robar información sensible, extorsionar a las víctimas y perturbar operaciones con fines de lucro o influencia política.

- **Colectivos Hacktivistas:** Los colectivos hacktivistas, como Anonymous y Lizard Squad, participan en la carrera armamentista cibernética lanzando ataques cibernéticos, vandalizando sitios web y perturbando servicios en línea para promover causas sociales o políticas, generar conciencia sobre problemas o protestar contra injusticias percibidas. Aunque los hacktivistas pueden carecer de recursos y sofisticación de los estados-nación, aún pueden causar interrupciones significativas y daños a la reputación de las entidades objetivo.

3. **Tácticas y Técnicas en la Carrera Armamentista Cibernética:**

La carrera armamentista cibernética abarca una amplia gama de tácticas y técnicas empleadas por los adversarios para obtener ventajas, infligir daño y alcanzar objetivos estratégicos en el ciberespacio, incluyendo:

- **Espionaje Cibernético:** El espionaje cibernético implica infiltrarse en redes objetivo, robar información sensible y llevar a cabo operaciones encubiertas de vigilancia para recopilar inteligencia, monitorear actividades de adversarios y obtener conocimientos estratégicos sobre sus capacidades, intenciones y vulnerabilidades. Las tácticas de espionaje cibernético incluyen phishing, implantes de malware, exfiltración de datos y ingeniería social para acceder y extraer datos valiosos de sistemas objetivo.

- **Ataques Cibernéticos:** Los ataques cibernéticos abarcan un amplio espectro de operaciones ofensivas, desde ataques cibernéticos disruptivos dirigidos a infraestructura crítica, como redes eléctricas, de transporte y sistemas financieros, hasta ataques destructivos destinados a causar daño físico, interrumpir operaciones y socavar la confianza en la organización o gobierno objetivo. Los ataques cibernéticos pueden involucrar infecciones de malware, campañas de ransomware, ataques de denegación de servicio distribuido (DDoS) y compromisos de la cadena de suministro para lograr efectos deseados.

- **Guerra Cibernética:** La guerra cibernética implica el uso de capacidades cibernéticas ofensivas por parte de los estados-nación para llevar a cabo operaciones militares, interrumpir sistemas militares de adversarios y alcanzar objetivos estratégicos en escenarios de conflicto. Las tácticas de guerra cibernética incluyen el objetivo de sistemas de comando y control, la interrupción de redes de comunicaciones y el sabotaje de infraestructura crítica para degradar las capacidades de adversarios, interrumpir operaciones y obtener ventajas tácticas en el campo de batalla.

- **Operaciones de Información:** Las operaciones de información comprenden la propaganda, desinformación y tácticas de guerra psicológica destinadas a influir en la opinión pública, dar forma a narrativas y manipular percepciones en el ciberespacio. Las operaciones de información pueden implicar la difusión de noticias falsas, la realización de campañas de influencia y la manipulación de plataformas de redes sociales para influir en la opinión pública, socavar la confianza en las instituciones y desestabilizar las sociedades objetivo.

4. Implicaciones de la Carrera Armamentista Cibernética:

La carrera armamentista cibernética tiene implicaciones significativas para la seguridad nacional, las relaciones internacionales y la estabilidad global, incluyendo:

- **Riesgos de Escalada:** La escalada de la carrera armamentista cibernética plantea riesgos de consecuencias no deseadas, incluyendo ataques cibernéticos de represalia, escalada de hostilidades y daños no intencionados a infraestructura crítica, poblaciones civiles y estabilidad internacional. Los ataques cibernéticos mal atribuidos, operaciones de bandera falsa y la proliferación de armas cibernéticas pueden exacerbar tensiones y aumentar la probabilidad de conflicto cibernético.

- **Tensiones Geopolíticas:** La carrera armamentista cibernética contribuye a tensiones y rivalidades geopolíticas entre naciones, ya que los gobiernos luchan por dominio, influencia y control en el dominio digital. Los intereses en competencia, imperativos estratégicos y capacidades cibernéticas divergentes pueden alimentar la desconfianza, la sospecha y la rivalidad entre potencias globales, lo que lleva a enfrentamientos diplomáticos, sanciones económicas e incidentes relacionados con el ciberespacio.

- **Impactos Económicos:** La carrera armamentista cibernética tiene impactos económicos en gobiernos, industrias y sociedades, incluyendo los costos de defensa cibernética, respuesta a incidentes y recuperación de ataques cibernéticos. El espionaje económico, robo de propiedad intelectual y la interrupción de infraestructura crítica pueden

provocar pérdidas financieras, inestabilidad en los mercados
y erosionar la confianza en la economía digital.

- **Proliferación de Armas Cibernéticas:** La proliferación de
  armas, exploits y malware cibernéticos en la carrera
  armamentista cibernética plantea preocupaciones sobre su
  mal uso, proliferación y consecuencias no deseadas. Las
  armas cibernéticas desarrolladas por estados-nación pueden
  ser robadas, filtradas o vendidas a actores no estatales,
  organizaciones terroristas o estados paria, aumentando el
  riesgo de ataques cibernéticos, sabotaje y desestabilización en
  el ciberespacio.

5. **Estrategias para Gestionar la Carrera Armamentista Cibernética:**

Gestionar la carrera armamentista cibernética requiere un enfoque
multidimensional que abarque medidas diplomáticas, legales,
tecnológicas y estratégicas para reducir tensiones, promover la
cooperación y mitigar riesgos en el ciberespacio, incluyendo:

- **Cooperación Internacional:** Fortalecer la cooperación y
  colaboración internacional entre gobiernos, actores de la
  industria y expertos en ciberseguridad para desarrollar
  normas, estándares y protocolos de comportamiento
  responsable en el ciberespacio, mejorar el intercambio de
  información y construir confianza entre naciones.

- **Disuasión Cibernética:** Establecer estrategias de disuasión
  creíbles, incluyendo políticas declarativas, capacidades de
  atribución y respuestas proporcionales a los ciberataques,
  para disuadir a los adversarios de participar en actividades
  cibernéticas maliciosas e imponer costos por violaciones de
  normas y leyes internacionales.

- **Resiliencia Cibernética:** Mejorar la resiliencia cibernética mediante inversiones en infraestructura de ciberseguridad, capacitación de personal, capacidades de respuesta a incidentes y medidas de fortalecimiento de la resiliencia para mitigar el impacto de los ciberataques, minimizar interrupciones y recuperarse rápidamente de los incidentes cibernéticos.

- **Normas y Reglas de Compromiso:** Desarrollar y promover normas, reglas de compromiso y acuerdos internacionales para gobernar el comportamiento estatal en el ciberespacio, clarificar la conducta aceptable y establecer líneas rojas para operaciones cibernéticas para evitar malentendidos, cálculos erróneos y escaladas en el dominio cibernético.

- **Fortalecimiento de Capacidades:** Construir capacidad y capacidades de ciberseguridad en países en desarrollo, economías emergentes y regiones con recursos limitados para mejorar las defensas cibernéticas, mejorar las prácticas de ciberhigiene y fortalecer la resiliencia contra amenazas cibernéticas, contribuyendo a la estabilidad y seguridad globales.

La carrera armamentista cibernética representa una competencia compleja y dinámica entre naciones, organizaciones e individuos para desarrollar, adquirir y desplegar capacidades cibernéticas avanzadas con propósitos ofensivos y defensivos. Comprender los orígenes, actores clave, tácticas, implicaciones y estrategias para gestionar la carrera armamentista cibernética es esencial para abordar los desafíos planteados por la ciberguerra, promover la cooperación internacional y salvaguardar la seguridad y estabilidad del ciberespacio en un mundo cada vez más interconectado. Adoptando medidas proactivas, mejorando la resiliencia cibernética y promoviendo un comportamiento responsable en el ciberespacio, los interesados pueden mitigar los riesgos asociados con la carrera armamentista cibernética y fomentar un entorno digital más seguro para todos.

El impacto en las relaciones internacionales.

El impacto de la carrera armamentista cibernética en las relaciones internacionales es profundo y multifacético, influenciando la dinámica diplomática, los cálculos estratégicos y la estabilidad global en la era digital. A medida que las naciones compiten por la dominancia, influencia y control en el ciberespacio, el panorama en evolución de la guerra cibernética, el espionaje y el conflicto remodela las nociones tradicionales de seguridad, soberanía y cooperación entre los Estados. En esta sección, exploraremos el impacto de la carrera armamentista cibernética en las relaciones internacionales en detalle, examinando sus implicaciones para el comportamiento estatal, las interacciones diplomáticas y el orden basado en reglas en el ciberespacio.

1. Dinámicas de Poder Cambiantes:

La carrera armamentista cibernética ha alterado las dinámicas tradicionales de poder entre las naciones, ya que las capacidades cibernéticas se vuelven cada vez más vitales para la seguridad nacional, la competitividad económica y la influencia geopolítica. Estados con capacidades cibernéticas avanzadas, como Estados Unidos, China, Rusia e Israel, ejercen una influencia significativa en la configuración de la agenda global, proyectando poder en el ciberespacio y dando forma a las normas y reglas que rigen el comportamiento estatal en el ámbito digital. Las potencias cibernéticas emergentes, como India, Brasil y Corea del Sur, también compiten por destacar en la carrera armamentista cibernética, aprovechando su destreza tecnológica y asociaciones estratégicas para mejorar sus capacidades cibernéticas y afirmar sus intereses en el escenario internacional.

2. Erosión de la Confianza y la Cooperación:

La carrera armamentista cibernética ha erosionado la confianza y la cooperación entre las naciones, ya que las sospechas de espionaje cibernético, sabotaje y subversión socavan las relaciones diplomáticas, los acuerdos bilaterales y los esfuerzos multilaterales para abordar desafíos comunes en el ciberespacio. Los incidentes de ciberataques patrocinados por estados, violaciones de datos y campañas de desinformación han aumentado las tensiones entre potencias rivales, alimentando un clima de desconfianza, sospecha y recriminación en las interacciones diplomáticas. Los esfuerzos para promover la cooperación internacional, el intercambio de información y las medidas de generación de confianza en el ciberespacio a menudo son obstaculizados por intereses divergentes, prioridades conflictivas y preocupaciones sobre soberanía, privacidad y seguridad nacional.

3. Diplomacia Cibernética y Desarrollo de Normas:

La carrera armamentista cibernética ha impulsado esfuerzos para desarrollar normas, reglas de compromiso y mecanismos diplomáticos para gestionar conflictos cibernéticos, reducir los riesgos de escalada y promover un comportamiento responsable entre los estados en el ciberespacio. Iniciativas diplomáticas, como el Grupo de Expertos Gubernamentales de las Naciones Unidas (UN GGE) sobre Desarrollos en el Campo de la Información y las Telecomunicaciones en el Contexto de la Seguridad Internacional y el Convenio de Budapest sobre Delitos Cibernéticos, buscan establecer principios, normas y estándares comunes para el comportamiento estatal en el ciberespacio, incluida la prohibición de ciberataques contra infraestructura crítica, respeto a la soberanía y los derechos humanos, y cooperación en la construcción de capacidad de ciberseguridad y respuesta a incidentes.

4. Disuasión y Estabilidad Estratégica:

La carrera armamentista cibernética ha planteado preguntas sobre la disuasión y la estabilidad estratégica en la era digital, ya que las naciones luchan con los desafíos de disuadir los ciberataques, atribuir la responsabilidad de los incidentes cibernéticos e imponer costos por violaciones de normas y leyes internacionales en el ciberespacio. Los conceptos tradicionales de disuasión, como la destrucción mutua asegurada (MAD), no son adecuados para el dominio cibernético, donde la atribución es difícil, las capacidades cibernéticas ofensivas están proliferando y el umbral para la escalada es ambiguo. Los estados están explorando nuevos enfoques para la disuasión cibernética, incluidas políticas declaratorias, doctrinas cibernéticas y medidas retaliatorias, para señalar resolución, imponer consecuencias y moldear el cálculo de los adversarios en el ciberespacio.

5. Competencia Geopolítica y Operaciones de Influencia:

La carrera armamentista cibernética ha intensificado la competencia geopolítica y las operaciones de influencia en el ciberespacio, ya que las naciones compiten por ventajas estratégicas, socavan los intereses de los rivales y dan forma a narrativas para avanzar en sus agendas geopolíticas. Actores patrocinados por estados participan en espionaje cibernético, campañas de desinformación y tácticas de guerra psicológica para influir en la opinión pública, manipular percepciones y socavar la confianza en las instituciones democráticas, procesos electorales y organizaciones internacionales. La armamentización de la información y la propagación de noticias falsas en el ciberespacio han aumentado las preocupaciones sobre la erosión de las normas democráticas, el surgimiento de regímenes autoritarios y la desestabilización de las estructuras de gobernanza global.

6. Conflicto Cibernético y Riesgos de Escalada:

La carrera armamentista cibernética ha aumentado los riesgos de conflicto cibernético y escalada entre las naciones, ya que las capacidades cibernéticas ofensivas proliferan, las operaciones cibernéticas se vuelven más sofisticadas y los adversarios explotan vulnerabilidades en el ciberespacio para lograr objetivos estratégicos. Las dinámicas de escalada en el ciberespacio son complejas e impredecibles, con ciberataques que tienen el potencial de desencadenar medidas retaliatorias, respuestas militares y efectos en cascada que escalan tensiones y socavan la estabilidad en el sistema internacional. Los ciberataques atribuidos erróneamente, las operaciones de bandera falsa y la proliferación de armas cibernéticas plantean preocupaciones sobre los riesgos de escalada inadvertida y consecuencias no deseadas en el dominio cibernético.

7. Desafíos de Gobernanza Global:

La carrera armamentista cibernética plantea desafíos significativos para la gobernanza global, ya que los marcos existentes, las instituciones y las normas luchan por mantenerse al día con la rápida evolución del ciberespacio y la proliferación de amenazas cibernéticas. Los esfuerzos para desarrollar normas internacionales, reglas de compromiso y mecanismos de cooperación cibernética enfrentan obstáculos, incluidos intereses divergentes, prioridades en conflicto y la falta de consenso entre los estados sobre cuestiones clave como la atribución, la soberanía y la aplicabilidad del derecho internacional en el ciberespacio. Superar la brecha entre los intereses estatales, las perspectivas de la industria y las preocupaciones de la sociedad civil sigue siendo un desafío formidable para los responsables de formular políticas, los diplomáticos y los expertos en ciberseguridad que buscan promover un orden basado en reglas en el ciberespacio.La carrera armamentista cibernética tiene implicaciones de largo alcance para las relaciones internacionales, dando forma al comportamiento de los estados, influenciando las interacciones diplomáticas y remodelando el orden global en la era digital. Abordar los desafíos planteados por la carrera armamentista cibernética requiere esfuerzos concertados para promover la confianza, la cooperación y el comportamiento responsable entre las naciones, fortalecer los mecanismos diplomáticos y desarrollar normas, reglas e instituciones para gestionar los conflictos cibernéticos y promover la estabilidad en el ciberespacio. Al fomentar el diálogo, construir consensos y mejorar la resiliencia contra las amenazas cibernéticas, los interesados pueden mitigar los riesgos asociados con la carrera armamentista cibernética y promover un entorno digital más seguro y protegido para todos.

Capítulo 10
Explorando la Dark Web

La dark web es un reino misterioso y enigmático de internet, envuelto en secreto e intriga. A diferencia de la web superficial, que comprende sitios web accesibles a través de motores de búsqueda tradicionales, la dark web existe en redes encriptadas que requieren software especial, configuraciones o permisos para acceder. En este capítulo, emprendemos un viaje para explorar la dark web, adentrándonos en sus orígenes, estructura, actividades e implicaciones para la ciberseguridad y la sociedad.

La dark web ha ganado notoriedad como refugio para actividades ilícitas, incluida la venta de drogas, armas, datos robados y otros productos prohibidos, facilitados por criptomonedas anónimas y herramientas de comunicación encriptadas. Sin embargo, más allá de su lado criminal, la dark web también sirve como refugio para denunciantes, disidentes e individuos que buscan privacidad y anonimato en una era de vigilancia y rastreo digital generalizados.

A través de nuestra exploración de la dark web, nuestro objetivo es desmitificar sus complejidades, arrojar luz sobre su naturaleza dual como un centro de criminalidad y un bastión de privacidad, y examinar los desafíos y oportunidades que presenta para las fuerzas del orden, los responsables de políticas y los profesionales de la ciberseguridad. Al comprender el funcionamiento interno, los participantes y las implicaciones de la dark web, podemos navegar mejor sus riesgos, aprovechar su potencial y salvaguardar la integridad y seguridad de internet para todos los usuarios.

¿Qué es la Dark Web?

La dark web es una parte oculta y encriptada de internet que no es indexada por los motores de búsqueda tradicionales y solo es accesible a través de software específico, configuraciones o permisos. A diferencia de la web superficial, que comprende sitios web y contenido que son fácilmente accesibles para el público en general, la dark web existe en redes superpuestas que requieren herramientas especializadas, como el navegador Tor, I2P o Freenet, para acceder. En esta sección, profundizaremos en las complejidades de la dark web, explorando su estructura, características, actividades e implicaciones para la ciberseguridad y la sociedad.

1. Orígenes y Estructura:

Los orígenes de la dark web se remontan al desarrollo de tecnologías de anonimización, como Tor (The Onion Router), que fue creado originalmente por la Armada de los Estados Unidos para comunicaciones seguras y anonimato en línea. Tor funciona encriptando y enrutando el tráfico de internet a través de una serie de retransmisiones, o nodos, para ocultar las direcciones IP y ubicaciones de los usuarios, lo que dificulta a terceros rastrear sus actividades en línea. Otras redes de anonimato, como I2P (Proyecto de Internet Invisible) y Freenet, ofrecen capacidades similares para el anonimato y la resistencia a la censura.

La dark web comprende sitios web, foros, mercados y canales de comunicación que operan en estas redes de anonimización, lo que permite a los usuarios navegar, publicar y comunicarse de forma anónima. Estos sitios web a menudo tienen dominios ".onion" y solo son accesibles a través de Tor u otras herramientas de acceso a la dark web. La naturaleza descentralizada y distribuida de la dark web la hace resistente a la censura y la vigilancia, lo que permite a los usuarios evadir restricciones en internet, eludir la vigilancia gubernamental y acceder a contenido que puede ser ilegal o prohibido en sus países.

2. Actividades y Contenido:

La dark web alberga una amplia gama de actividades y contenido, que abarca dominios legales, ilícitos y controvertidos. Si bien no todas las actividades en la dark web son ilegales o perjudiciales, ha ganado notoriedad como centro de actividades ilícitas debido a sus características de anonimato y falta de supervisión. Algunas actividades y contenido comunes que se encuentran en la dark web incluyen:

- **Mercados:** La dark web alberga numerosos mercados en línea donde los usuarios pueden comprar y vender una variedad de bienes y servicios de forma anónima, incluidas drogas, armas, moneda falsificada, datos robados, herramientas de piratería y documentos falsificados. Estos mercados a menudo utilizan criptomonedas, como Bitcoin y Monero, para transacciones con el fin de preservar el anonimato y evadir a las autoridades.

- **Foros y Comunidades:** Hay foros y comunidades en la dark web dedicados a una amplia gama de temas, que incluyen ciberseguridad, privacidad, política, activismo y denuncias. Estos foros proporcionan una plataforma para que los usuarios discutan temas sensibles o controvertidos, compartan información y organicen actividades sin temor a la censura o la vigilancia.

- **Plataformas de Denunciantes:** La dark web alberga plataformas de denunciantes, como SecureDrop y Global Leaks, donde las personas pueden enviar de forma anónima información sensible, documentos o consejos a periodistas, activistas u organizaciones sin revelar sus identidades. Estas plataformas desempeñan un papel crucial en la exposición de la corrupción, el abuso de poder y las malas prácticas mientras protegen a los denunciantes de represalias.

- **Servicios Criminales:** Algunos sitios web en la dark web ofrecen servicios criminales, como servicios de piratería, ataques de denegación de servicio distribuido (DDoS), ransomware como servicio y servicios de lavado de dinero, a cambio de una tarifa. Estos servicios permiten a los ciberdelincuentes llevar a cabo actividades maliciosas, explotar vulnerabilidades y obtener beneficios de actividades ilícitas con relativa impunidad.

- **Contenido Controvertido:** La dark web también alberga contenido controvertido e ilegal, que incluye material de explotación infantil, propaganda extremista, pornografía ilegal y violencia gráfica. Si bien la dark web proporciona anonimato y privacidad a los usuarios, también sirve como plataforma para que individuos y grupos participen en actividades perjudiciales o ilegales fuera del escrutinio de las fuerzas del orden y las autoridades.

3. **Implicaciones para la Ciberseguridad y la Sociedad:**

La proliferación de actividades ilícitas y actores maliciosos en la dark web plantea desafíos significativos para la ciberseguridad, las fuerzas del orden y la sociedad en general. Algunas implicaciones clave incluyen:

- **Cibercrimen:** La dark web facilita el cibercrimen al proporcionar una plataforma para que los ciberdelincuentes compren, vendan e intercambien bienes y servicios de manera anónima. Los ciberdelincuentes utilizan la dark web para comerciar con datos robados, distribuir malware y orquestar ataques cibernéticos, lo que dificulta que las autoridades identifiquen y detengan a los responsables.

- **Privacidad y Anonimato:** Si bien la dark web ofrece privacidad y anonimato para los usuarios, también atrae a personas que buscan participar en actividades ilícitas o perjudiciales sin responsabilidad. El anonimato proporcionado por la dark web puede ser explotado por criminales, terroristas y actores maliciosos para evadir la detección, ocultar sus identidades y llevar a cabo actividades nefastas con impunidad.

- **Desafíos para las Fuerzas del Orden:** Las agencias de seguridad enfrentan desafíos significativos para monitorear, investigar y combatir actividades criminales en la dark web. La naturaleza descentralizada y encriptada de la dark web dificulta rastrear a los usuarios, identificar a los perpetradores y recopilar evidencia para enjuiciar. Los métodos tradicionales de aplicación de la ley pueden ser ineficaces contra los ciberdelincuentes que operan en la dark web, lo que requiere enfoques innovadores y cooperación internacional para abordar las amenazas emergentes.

- **Resistencia a la Censura:** La dark web proporciona una plataforma para que las personas que viven en regímenes represivos o enfrentan censura en internet accedan a información, se comuniquen libremente y ejerzan sus derechos a la privacidad y la libertad de expresión. Sin embargo, el anonimato de la dark web también permite que actores maliciosos difundan propaganda, ideologías extremistas y contenido ilegal sin rendir cuentas, lo que plantea desafíos para la moderación de contenido y la lucha contra la radicalización en línea.

- **Consideraciones Éticas:** La dark web plantea consideraciones éticas sobre el equilibrio entre la privacidad, la libertad de expresión y los intereses de las fuerzas del orden. Si bien el anonimato puede proteger a los denunciantes, activistas y disidentes de la persecución y las represalias, también puede permitir actividades criminales, explotación y abuso. Encontrar el equilibrio adecuado entre los derechos de privacidad y las necesidades de las fuerzas del orden es esencial para proteger las libertades civiles mientras se combate las actividades ilícitas en la dark web.

4. **Mitigación de Riesgos y Mejora de la Seguridad:**

Mitigar los riesgos asociados con la dark web requiere un enfoque multifacético que involucre la colaboración entre gobiernos, agencias de seguridad, empresas de tecnología y organizaciones de la sociedad civil. Algunas estrategias para mejorar la seguridad y mitigar los riesgos en la dark web incluyen:

- **Cooperación entre las Fuerzas del Orden:** Mejorar la cooperación internacional y el intercambio de información entre las agencias de seguridad para investigar el cibercrimen, interrumpir las redes criminales y enjuiciar a los perpetradores que operan en la dark web.

- **Soluciones Tecnológicas:** Desarrollar y desplegar tecnologías avanzadas, como aprendizaje automático, análisis de blockchain y algoritmos de encriptación, para identificar y rastrear actividades ilícitas, monitorear mercados de la dark web y mejorar las defensas cibernéticas contra amenazas emergentes.

- **Educación y Concienciación:** Aumentar la conciencia pública sobre los riesgos y peligros de la dark web, educar a los usuarios sobre las mejores prácticas de ciberseguridad y promover la alfabetización digital para capacitar a las personas para que naveguen de manera segura y responsable por el mundo en línea.

- **Medidas Regulatorias:** Implementar medidas y políticas regulatorias para combatir el cibercrimen, proteger a los consumidores y responsabilizar a los operadores de la dark web por facilitar actividades ilegales, como el tráfico de drogas, el tráfico de personas y la explotación infantil.

- **Consideraciones Éticas:** Promover el comportamiento ético y el uso responsable de tecnologías de anonimización, como Tor y criptomonedas, para proteger los derechos de privacidad, la libertad de expresión y los valores democráticos mientras se previene el abuso y la explotación por parte de actores maliciosos.

La dark web es un fenómeno complejo y multifacético que presenta tanto oportunidades como desafíos para la ciberseguridad, las fuerzas del orden y la sociedad en general. Si bien ofrece privacidad, anonimato y resistencia a la censura para las personas que buscan ejercer sus derechos en línea, también alberga actividades criminales, mercados ilícitos y contenido perjudicial que representan riesgos para individuos y comunidades. Al comprender la estructura, actividades e implicaciones de la dark web, los interesados pueden desarrollar estrategias y medidas para mitigar riesgos, mejorar la seguridad y promover un entorno en línea más seguro para todos los usuarios.

Espionaje Cibernético en la Dark Web

El espionaje cibernético en la dark web representa una amenaza significativa y en constante evolución para individuos, organizaciones y gobiernos en todo el mundo. Como actividad clandestina y encubierta realizada en las sombras de internet, el espionaje cibernético abarca una variedad de tácticas, técnicas y operaciones destinadas a infiltrar, monitorear y extraer información sensible de redes, sistemas e individuos objetivo. En esta sección, exploraremos el panorama del espionaje cibernético en la dark web, incluyendo sus métodos, motivaciones, actores e implicaciones para la ciberseguridad y la seguridad nacional.

1. **Métodos de Espionaje Cibernético:**

El espionaje cibernético en la dark web emplea una variedad de métodos y técnicas para recopilar inteligencia, vigilar objetivos y extraer información sensible. Algunos métodos comunes incluyen:

- **Malware y Exploits:** Los ciberespías despliegan malware, como troyanos de acceso remoto (RAT), registradores de teclas y programas espía, para infiltrar sistemas objetivo, comprometer dispositivos y robar datos de manera encubierta. Estos programas maliciosos se entregan a menudo a través de correos electrónicos de phishing, archivos adjuntos maliciosos o sitios web comprometidos, lo que permite a los atacantes mantener la persistencia y llevar a cabo vigilancia sin ser detectados.

- **Ingeniería Social:** Los ciberespías utilizan tácticas de ingeniería social, como phishing, pretextos y trampas, para manipular a las personas y hacer que divulguen información sensible o concedan acceso no autorizado a sus cuentas o sistemas. Al hacerse pasar por entidades de confianza o aprovechar vulnerabilidades psicológicas, los atacantes pueden engañar a las víctimas y obtener acceso a inteligencia valiosa.

- **Hackeo e Intrusiones:** Los ciberespías aprovechan técnicas de hackeo, como escaneo de redes, descifrado de contraseñas e inyección SQL, para irrumpir en redes, servidores y bases de datos objetivo. Una vez dentro de un entorno objetivo, los atacantes pueden moverse lateralmente, aumentar los privilegios y extraer datos sensibles sin ser detectados, aprovechando vulnerabilidades y configuraciones erróneas para evadir la detección.

- **Exploits de Día Cero:** Los ciberespías explotan vulnerabilidades de día cero, fallas en el software y debilidades no reveladas en sistemas operativos, aplicaciones y hardware para llevar a cabo ataques dirigidos y obtener acceso no autorizado a sistemas. Los exploits de día cero son muy valorados por grupos de ciberespionaje y actores patrocinados por estados debido a su efectividad y naturaleza sigilosa.

- **Criptografía y Encriptación:** Los ciberespías utilizan técnicas de criptografía y encriptación para asegurar sus comunicaciones, ocultar sus actividades y proteger la información sensible de la intercepción o vigilancia. Aplicaciones de mensajería encriptada, servicios de correo electrónico anónimos y protocolos de comunicación seguros permiten a los atacantes comunicarse de manera encubierta y evadir la detección por parte de las agencias de aplicación de la ley y los servicios de inteligencia.

2. **Motivaciones para el Espionaje Cibernético:**

El espionaje cibernético en la dark web es impulsado por una variedad de motivaciones, que incluyen espionaje, recopilación de inteligencia, ventaja competitiva y objetivos ideológicos o políticos. Algunas motivaciones comunes incluyen:

- **Espionaje Patrocinado por Estados:** Los estados se dedican al espionaje cibernético para recopilar inteligencia, monitorear adversarios y avanzar en sus intereses estratégicos en el ciberespacio. Las operaciones de espionaje cibernético patrocinadas por el estado tienen como objetivo robar información clasificada, propiedad intelectual y secretos militares de agencias gubernamentales, instituciones militares, contratistas de defensa y sectores de infraestructura crítica.

- **Espionaje Corporativo:** Empresas competidoras y rivales de la industria se dedican al espionaje cibernético para obtener ventaja competitiva, robar secretos comerciales y sabotear a sus competidores. Las operaciones de espionaje corporativo tienen como objetivo obtener información propietaria, datos de clientes y planes de investigación y desarrollo de empresas, instituciones de investigación y empresas tecnológicas.

- **Inteligencia Política:** Actores políticos y estados llevan a cabo espionaje cibernético para monitorear opositores políticos, disidentes y activistas, recopilar información comprometedora e influir en los resultados electorales. Las operaciones de inteligencia política tienen como objetivo manipular la opinión pública y socavar los procesos democráticos al dirigirse a partidos políticos, funcionarios gubernamentales, periodistas y organizaciones de la sociedad civil.

- **Guerra Cibernética:** Los espías cibernéticos pueden participar en actividades de guerra cibernética, como sabotaje, interrupción y propaganda, para socavar la seguridad y la estabilidad de naciones rivales, sembrar discordia y lograr objetivos geopolíticos. Las operaciones de guerra cibernética tienen como objetivo causar interrupciones, daños económicos e inestabilidad política al dirigirse a infraestructuras críticas, sistemas financieros y redes gubernamentales.

- **Motivaciones Ideológicas:** Los espías cibernéticos con agendas ideológicas o extremistas pueden llevar a cabo operaciones de espionaje cibernético para promover sus creencias, difundir propaganda y reclutar seguidores. Los espías cibernéticos motivados ideológicamente apuntan a instituciones gubernamentales, organizaciones religiosas e instituciones culturales para avanzar en sus agendas y socavar a los enemigos percibidos.

3. **Actores y Organizaciones:**

El espionaje cibernético en la dark web es perpetrado por una amplia gama de actores, incluyendo estados-nación, agencias de inteligencia, organizaciones criminales, grupos hacktivistas y mercenarios cibernéticos. Algunos actores y organizaciones destacadas involucradas en el espionaje cibernético incluyen:

- **Actores Estatales:** Los estados-nación se dedican al espionaje cibernético para recopilar inteligencia, monitorear adversarios y avanzar en sus intereses estratégicos. Países como Rusia, China, Irán, Corea del Norte y Estados Unidos tienen capacidades cibernéticas sofisticadas y llevan a cabo operaciones de espionaje cibernético para mantener su dominio geopolítico e influencia.

- **Agencias de Inteligencia:** Las agencias de inteligencia gubernamentales, como la NSA (Agencia de Seguridad Nacional), CIA (Agencia Central de Inteligencia), GCHQ (Cuartel General de Comunicaciones del Gobierno) y el Mossad, realizan operaciones de espionaje cibernético para recopilar inteligencia de señales, monitorear comunicaciones y recopilar información sobre adversarios extranjeros.

- **Organizaciones Cibercriminales:** Grupos cibercriminales, incluyendo amenazas persistentes avanzadas (APT), sindicatos de ciberdelincuencia y anillos del crimen organizado, se dedican al espionaje cibernético con el fin de obtener ganancias financieras, robar propiedad intelectual y extorsionar. Estos grupos pueden vender datos robados en la dark web, participar en espionaje corporativo o llevar a cabo ataques de ransomware para monetizar sus actividades.

- **Grupos Hacktivistas:** Colectivos hacktivistas, como Anonymous, LulzSec y APT28 (Fancy Bear), llevan a cabo operaciones de espionaje cibernético para promover causas políticas o sociales, exponer corrupción y desafiar la autoridad. Los hacktivistas pueden apuntar a agencias gubernamentales, corporaciones e instituciones que perciben como opresivas o injustas, utilizando técnicas de piratería para interrumpir operaciones y exponer información sensible.

- **Contratistas Privados:** Empresas de ciberseguridad privadas y contratistas pueden proporcionar servicios de espionaje cibernético a clientes gubernamentales, agencias de inteligencia o clientes corporativos que buscan recopilar inteligencia, llevar a cabo vigilancia o monitorear competidores. Estos contratistas pueden poseer experiencia, herramientas y capacidades especializadas para llevar a cabo operaciones de espionaje cibernético de manera discreta y efectiva.

4. Implicaciones para la Ciberseguridad y la Seguridad Nacional:

El espionaje cibernético en la dark web tiene implicaciones significativas para la ciberseguridad, la seguridad nacional y la estabilidad global, incluyendo:

- **Violaciones de Datos y Pérdida de Propiedad Intelectual:** Las operaciones de espionaje cibernético resultan en violaciones de datos, robo de propiedad intelectual y compromiso de información sensible, lo que conduce a pérdidas financieras, daño a la reputación y pérdida de ventaja competitiva para las organizaciones objetivo.

- **Erosión de la Confianza y Relaciones Diplomáticas:** El espionaje cibernético erosiona la confianza entre las naciones, socava las relaciones diplomáticas y aumenta las tensiones en la comunidad internacional. Las revelaciones de actividades de espionaje cibernético patrocinadas por el estado pueden tensar los lazos diplomáticos, desencadenar sanciones y provocar medidas retaliativas, desestabilizando la seguridad y estabilidad global.

- **Amenazas a la Infraestructura Crítica:** El espionaje cibernético plantea amenazas a sectores de infraestructura crítica, como energía, transporte y salud, al dirigirse a sistemas de control industrial, tecnología operativa y dispositivos conectados a Internet. Los espías cibernéticos pueden explotar vulnerabilidades en la infraestructura crítica para interrumpir operaciones, causar daños físicos o robar datos sensibles, planteando riesgos para la seguridad pública y la seguridad nacional.

- **Carrera Armamentística Cibernética y Riesgos de Escalada:** El espionaje cibernético alimenta una carrera armamentística cibernética global, ya que las naciones invierten en capacidades cibernéticas, desarrollan armas cibernéticas ofensivas y participan en operaciones ofensivas para obtener ventaja estratégica en el ciberespacio. La proliferación de armas cibernéticas y los riesgos de escalada aumentan la probabilidad de conflictos cibernéticos, retaliación y consecuencias no deseadas, generando preocupaciones sobre la seguridad y estabilidad internacional.

- **Desafíos para las Agencias de Orden Público y de Inteligencia:** El espionaje cibernético presenta desafíos para las agencias de orden público y de inteligencia encargadas de monitorear, investigar y contrarrestar las amenazas cibernéticas. La naturaleza anónima y descentralizada de la dark web complica la atribución, recolección de evidencia y persecución de espías cibernéticos, requiriendo una cooperación, recursos y experiencia mejorados para abordar de manera efectiva las amenazas emergentes.

5. **Mitigación de los Riesgos del Espionaje Cibernético:**

Abordar los riesgos asociados con el espionaje cibernético en la dark web requiere un enfoque multifacético que involucra la colaboración entre gobiernos, entidades del sector privado, expertos en ciberseguridad y organizaciones internacionales. Algunas estrategias para mitigar los riesgos del espionaje cibernético incluyen:

- **Medidas de Ciberseguridad Mejoradas:** Implementar medidas sólidas de ciberseguridad, como segmentación de red, encriptación y autenticación multifactorial, para protegerse contra intrusiones, violaciones de datos y acceso no autorizado por espías cibernéticos.

- **Compartir Inteligencia de Amenazas:** Compartir inteligencia de amenazas e indicadores de amenazas cibernéticas entre agencias gubernamentales, organizaciones del sector privado y socios internacionales para identificar y contrarrestar de manera efectiva actividades de espionaje cibernético.

- **Compromiso Diplomático y Normas:** Participar en diálogo diplomático y cooperación para establecer normas internacionales, reglas y acuerdos que rijan el comportamiento estatal en el ciberespacio y promover conductas responsables para reducir el riesgo de conflictos cibernéticos y escalada.

- **Marcos Regulatorios y Responsabilidad:** Desarrollar y hacer cumplir marcos regulatorios, leyes y tratados internacionales para responsabilizar a los espías cibernéticos por sus acciones, disuadir el comportamiento malicioso y promover el comportamiento responsable en el ciberespacio.

- **Inversión en Resiliencia Cibernética:** Invertir en resiliencia cibernética, capacidades de respuesta a incidentes y seguros cibernéticos para mitigar el impacto de los ataques de espionaje cibernético, recuperarse de violaciones y proteger activos críticos e infraestructura de amenazas persistentes.

El espionaje cibernético en la dark web representa un desafío complejo y en constante evolución para la ciberseguridad, la seguridad nacional y la estabilidad global. Al comprender los métodos, motivaciones, actores e implicaciones de las actividades de espionaje cibernético, los interesados pueden desarrollar estrategias y medidas para mitigar riesgos, mejorar la seguridad y salvaguardar la integridad y estabilidad del ciberespacio para todos los usuarios.

www.ingramcontent.com/pod-product-compliance
Lightning Source LLC
LaVergne TN
LVHW051035070526
838201LV00009B/208